HARMONISATION DES NORMES COMPTABLES

N° 4

RÉSULTATS D'EXPLOITATION DES COMPAGNIES D'ASSURANCES

Pratiques en vigueur dans les pays de l'OCDE

Rapport du Groupe de travail
sur les normes comptables

ORGANISATION DE COOPÉRATION ET DE DÉVELOPPEMENT ÉCONOMIQUES

La comparaison entre les résultats d'exploitation des différentes compagnies d'assurances s'avère extrêmement difficile en l'absence d'une définition généralement reconnue et en raison de divergences dans les règles applicables à l'évaluation de leurs actifs et passifs. En conséquence, l'harmonisation des pratiques comptables des compagnies d'assurances au niveau international en est encore à ses débuts.

C'est pourquoi le Groupe de travail sur les normes comptables du Comité de l'Investissement International et des Entreprises Multinationales (CIME) a réalisé une étude détaillée pour mieux identifier les pratiques en usage dans les pays Membres. L'étude a été élaborée en consultation avec les milieux d'affaires, les syndicats et les membres de la profession comptable représentés, au niveau international, respectivement par le Comité consultatif économique et industriel auprès de l'OCDE (BIAC), la Commission syndicale consultative auprès de l'OCDE (TUAC), l'International Accounting Standards Committee (IASC) et la Fédération des experts-comptables européens. Le Comité des Assurances a également été consulté. Le Conseil de l'OCDE a décidé la mise en diffusion générale du rapport le 8 septembre 1987.

L'étude fait apparaître une grande divergence dans les pratiques comptables qui ne sont même pas toujours homogènes à l'intérieur d'un pays. Pour améliorer la comparabilité des états financiers d'un pays à l'autre, il est donc nécessaire de déployer des efforts visant à une meilleure harmonisation. Si l'harmonisation s'avère impossible dans l'immédiat, il faudrait au moins que les états financiers fournissent des renseignements complémentaires sur les méthodes comptables qui ont été employées et, le cas échéant, sur l'effet de ces méthodes sur les résultats.

Également disponible

TABLE DES MATIERES

I. INTRODUCTION ET RESUME

Il existe des obstacles majeurs à l'évaluation de l'application, par les compagnies d'assurances, des Principes directeurs de l'OCDE à l'intention des entreprises multinationales (1) : l'absence d'une définition généralement reconnue du terme "résultats d'exploitation", l'absence de règles communes pour l'évaluation de l'actif et du passif et la grande divergence dans les pratiques nationales, en ce qui concerne la publication des divers éléments qui constituent les résultats d'exploitation. La comparaison entre les résultats d'exploitation des différentes compagnies s'avère donc extrêmement difficile. C'est pourquoi le Groupe de travail a décidé de réaliser une étude détaillée des pratiques en usage dans les pays Membres pour la détermination des résultats et leur publication (2).

Pour l'analyse des résultats de l'étude, il convient de tenir compte des considérations générales suivantes :

-- Les pratiques suivies ne sont pas toujours homogènes à l'intérieur d'un même pays ;

-- L'étude ne tente pas d'établir une description exhaustive de la situation dans chaque pays Membre ; les exemples fournis sont plutôt destinés à illustrer les principales méthodes ;

-- L'harmonisation des pratiques comptables des compagnies d'assurances au niveau international en est encore à ses débuts. Jusqu'à présent, l'IASC n'a entrepris aucun travail sur ce thème. Les travaux de la CEE ont récemment abouti à une proposition de Directive relative aux comptes annuels des compagnies d'assurances (3) ; cette proposition est actuellement examinée par le Parlement Européen et le Comité Economique et Social de la CEE ;

-- Le terme "assurance-vie" tel qu'il est utilisé au long de ce rapport ne comprend pas les assurances "accidents" ou "maladie" qui sont considérées comme des assurances générales dans la plupart des pays Membres. Cependant, dans certains pays, notamment au Canada, les compagnies d'assurance-vie assurent également contre les risques 'santé' (accidents et maladie)". En conséquence, pour ces pays, les références faites à l'assurance-vie doivent être interprétées comme couvrant l'assurance "santé". En Belgique, une partie des assurances "maladie-accidents" peut-être pratiquée par les entreprises d'assurance-vie à titre d'assurance complémentaire à un contrat-vie.

On peut tirer les conclusions suivantes :

-- Bien que les clarifications générales des Principes directeurs relatives aux résultats d'exploitation s'appliquent aux compagnies d'assurances, l'étude montre une grande divergence dans les pratiques comptables ;

-- Afin d'améliorer la comparabilité des états financiers d'un pays à l'autre, il est nécessaire de déployer des efforts énergiques visant à réduire l'écart existant d'une méthode nationale à l'autre. Lorsque l'harmonisation s'avère impossible, il faudrait au moins que les états financiers fournissent des renseignements complémentaires sur les méthodes comptables qui ont été employées, et le cas échéant, sur l'effet de ces méthodes sur les résultats. Le présent document donne des suggestions dans ce sens pour chaque point étudié ci-dessous.

II. RESULTATS TECHNIQUES ET RESULTATS NON TECHNIQUES

A. Pratiques actuelles

1. Distinction entre résultats techniques et résultats non techniques

Plusieurs pays établissent une claire distinction entre les résultats techniques (c'est-à-dire les résultats provenant d'activités d'assurances proprement dites) et les résultats non techniques (c'est-à-dire les résultats provenant essentiellement de placements). Les pays qui font la distinction entre les deux catégories de résultats, sont : Allemagne, Danemark, Espagne, Irlande, Nouvelle-Zélande, Pays-Bas, Royaume-Uni et Suisse. Comme il ressort des réponses reçues, la définition même des résultats techniques peut varier d'un pays à l'autre.

Dans beaucoup de pays où cette distinction n'existe pas, il est en fait possible de calculer l'une et l'autre catégories de résultats séparément : Belgique, Finlande, France, Italie, Norvège, Portugal, et Suède.

Les exemples donnés par pays montrent qu'il existe des différences considérables en ce qui concerne les éléments qui sont inclus dans les résultats techniques.

Canada

Bien qu'on ne distingue pas entre les résultats techniques et non techniques, certains éléments sont indiqués séparément :

-- Assurances générales

Primes acquises ; sinistres encourus ; frais d'ajustement ; frais engagés pour le règlement des sinistres et frais de gestion ; provisions pour sinistres survenus mais non déclarés (souvent inscrits sous la dénomination unique "sinistres"), commissions et taxes sur primes (indiquées soit séparément, soit ensemble), et frais généraux ;

-- Assurance-vie

Revenus des primes ; prestations (comme les indemnités en cas de décès, d'invalidité et de maladie) ; taxes sur primes et autres taxes ; commissions et autres frais techniques (mentionnés parfois comme "autres dépenses").

Pays-Bas

-- Assurances générales

Primes perçues, sinistres en cours, commissions dues aux intermédiaires, augmentations et diminutions des provisions techniques (déduction faite, pour tous ces postes, de la réassurance), charges d'exploitation et revenus et plus-values des placements comptabilisés dans les réserves techniques ;

-- Assurance-vie

Primes perçues (primes de renouvellement et primes uniques), prestations dues (en cas de décès ou à l'échéance de la police), annuités, valeurs de rachat, commissions dues aux intermédiaires, augmentations et diminutions des provisions techniques (déduction faite de la réassurance pour tous ces éléments), charges d'exploitation et produits des placements comptabilisés dans les résultats techniques.

Actuellement, seules les compagnies d'assurances les plus importantes donnent une description détaillée des éléments composant les résultats techniques.

Nouvelle-Zélande

-- Assurances générales

Les résultats techniques sont calculés sur la base des :

Primes brutes ;

Moins les primes pour réassurance ;

Ajustement pour primes non acquises et pour risques en cours ;

Moins sinistres après déduction des prestations de réassurance et sauvetage ;

Moins commissions [déduction faite des commissions perçues pour réassurance (récupération des épaves)] ;

Moins d'autres dépenses techniques (dépenses pour les services d'incendie, frais de gestion).

-- Assurance-vie

En Nouvelle-Zélande, les compagnies d'assurance-vie établissent un compte de résultat comprenant toutes les primes, le produit des placements, les sinistres, charges d'exploitation, impôts et dividendes. Le solde de ce compte est transféré aux réserves mathématiques. Le solde du fonds de réserves mathématiques est réexaminé tous les ans par l'actuaire afin de déterminer la valeur actuarielle des engagements contractés envers les titulaires des polices. Le rapport de l'actuaire sur les réserves mathématiques est généralement publié avec les comptes annuels.

Un rapport actuariel est préparé qui fait ressortir la différence entre la valeur actuarielle des engagements et le montant des réserves mathématiques pour chaque exercice.

CEE   La proposition de la CEE prévoit une distinction entre résultats techniques et résultats non techniques.

En ce qui concerne les assurances générales, les résultats techniques sont définis comme :

-- Les primes ;

-- Les sinistres ;

-- Les bonifications ;

-- Les commissions et autres charges techniques.

Cependant, pour l'assurance-vie, les résultats techniques sont définis comme :

-- Les primes :

-- Les produits des placements ;

-- Les sinistres ;

-- Les bonifications ;

-- Les commissions et autres charges techniques.

Dans la plupart des pays examinés, les compagnies se livrent, soit à des activités d'assurance générale soit à des activités d'assurance-vie, mais opèrent rarement simultanément les deux fonctions (Allemagne, Australie, Canada, Danemark, Espagne, Finlande, Irlande, Japon, Nouvelle-Zélande, Norvège, Pays-Bas, Suède, Suisse). Aux Etats-Unis, aucune distinction entre les résultats techniques pour l'assurance générale et l'assurance-vie n'est obligatoire pour l'établissement du compte de résultat, mais beaucoup de compagnies font cette distinction. Au Royaume-Uni, les compagnies indiquent séparément l'actif, le passif et les résultats d'exploitation provenant de l'assurance générale et de l'assurance-vie.

2. La comptabilisation du produit des placements dans les résultats techniques

Cette comptabilisation est pratiquée aux Pays-Bas, Danemark, Allemagne (pour l'assurance-vie et l'assurance-maladie), Irlande (pour l'assurance-vie seulement), Japon (assurances générales), Grèce, Portugal, Suède et Suisse (assurances automobiles, assurances accidents pour les ouvriers). Au Canada, cette pratique n'est pas en usage dans la préparation des états financiers publiés. Elle est par contre plus souvent appliquée pour les états financiers internes et les rapports soumis aux autorités fédérales de l'assurance. Au Royaume-Uni, certaines compagnies comptabilisent une part du produit des placements dans le compte de résultats des assurances générales ; le produit des placements du fonds "assurance-vie" doit être comptabilisé au compte de résultat de l'assurance-vie, en vertu d'une disposition législative.

Aux Pays-Bas, le produit des placements est en général comptabilisé dans les résultats techniques sur la base, soit du taux global de rendement, soit du taux moyen de rendement, soit du montant moyen du produit par rapport aux capitaux propres et aux provisions techniques (capitaux propres pour chaque exercice).

En Allemagne, les compagnies d'assurance-vie et d'assurance-maladie comptabilisent l'ensemble du produit de leurs placements dans les résultats techniques.

Au Japon, la partie du produit des placements des assurances générales, qui concerne l'élément d'épargne des polices d'assurances à long terme prévoyant des remboursements à échéance, est comptabilisée dans les résultats techniques. Il en va de même pour le produit résultant des réserves investies de l'assurance obligatoire de responsabilité civile pour les accidents de voitures et de l'assurance contre les sinistres dus aux tremblements de terre.

Au Royaume-Uni, pour l'assurance-vie, le produit des placements fait partie des résultats techniques, puisque les actifs des réserves mathématiques sont identifiés séparément, conformément à la loi.

La proposition de la CEE prévoit la possibilité de comptabiliser une partie du produit des placements au compte de résultat technique "assurances générales" ou au compte de résultat non technique "assurances-vie" selon les cas. En tout état de cause, la raison d'une comptabilisation de cette sorte et la méthode appliquée doivent être indiquées en annexe.

3. Déductions pour intérêts en cas de comptabilisation dans les réserves techniques

Au Danemark, les intérêts peuvent être déduits à la dernière ligne du compte de profits et pertes. Aux Pays-Bas, l'intérêt ajouté aux réserves actuarielles de l'assurance-vie est inclu sous la rubrique "augmentation et diminution des provisions techniques".

En Allemagne, les compagnies d'assurances-accident et d'assurance des biens comptabilisent dans les résultats techniques les intérêts issus des réserves investies.

B. Remarques

Dix pays sur vingt-deux mentionnent une distinction entre les résultats techniques et les résultats non techniques. Néanmoins, dans sept pays sur les douze qui ne connaissent pas cette distinction, il est possible de calculer ces deux catégories de résultats à partir des informations fournies. Dans la plupart des pays, il existe une distinction entre les résultats de l'assurance-vie et ceux de l'assurance générale, soit parce que la loi exige une séparation entre ces deux types d'assurances, soit par le fait d'une pratique générale.

Deux principales caractéristiques des activités des compagnies d'assurances peuvent être dégagées : l'assurance d'une part et la gestion des fonds générés par les primes et les revenus divers d'autre part, lesquels sont destinés à couvrir les sinistres à venir. Dans beaucoup de pays Membres, la solution consiste à publier les résultats de ces activités séparément afin de permettre à l'utilisateur des états financiers d'évaluer la performance de la compagnie pour chaque activité. Si la distinction n'apparaît pas clairement dans les états financiers, la fourniture d'informations suffisantes dans les comptes ou en annexe aux comptes devrait permettre une telle évaluation.

L'imputation du produit des placements aux résultats techniques des assurances générales, pratiquée dans un petit nombre de pays seulement, peut avoir une incidence significative sur le montant des résultats des activités d'assurance pure et simple. Si la somme allouée et la méthode utilisée sont indiquées, la comparaison devient alors possible.

III. GAINS ET PERTES SUR PLACEMENTS

A. Pratiques actuelles

1. Règles d'évaluation des placements (biens immobiliers et placements financiers)

Les gains et pertes sur placements dépendent dans une large mesure de la manière dont les placements sont évalués. Ainsi qu'il ressort du tableau en annexe I, les pratiques diffèrent considérablement suivant les pays. Dans certains pays, les biens immobiliers acquis à titre de placement (par exemple bâtiments et terrains) doivent être comptabilisés au coût d'achat, alors que dans d'autres, ils le sont sur la base de leur valeur marchande, en général telle qu'elle a été évaluée par un expert. En ce qui concerne les actifs financiers (obligations et actions) qui constituent une autre catégorie importante de placement des compagnies d'assurances, la valeur retenue peut être le prix d'achat, la valeur marchande ou la valeur nominale. Dans la plupart des pays, la pratique dominante est l'évaluation des investissements sur la base de la plus faible des deux valeurs, marchande ou d'acquisition.

La proposition de la CEE prévoit que les entreprises utilisant le coût d'acquisition indiquent la valeur actuelle en annexe et que les entreprises qui évaluent à la valeur actuelle indiquent en annexe la valeur historique.

2. Publication d'informations sur les plus-values et les moins-values réalisées

A l'exception du Luxembourg, tous les pays exigent la publication des plus-values et des moins-values réalisées. Ces pertes et ces gains sont indiqués sur une base brute dans certains pays (Allemagne, Finlande, Japon, Nouvelle-Zélande et Suède par exemple) ou sur une base nette dans d'autres pays (par exemple, Belgique, Canada, Etats-Unis, Norvège, Pays-Bas, Portugal, Suède). Ces indications sont en général fournies au compte de résultat, parfois aux réserves. Selon la proposition de la CEE, les gains et les pertes réalisés devraient être indiqués sur une base brute. Au Canada, certaines compagnies d'assurance-vie amortissent ces montants sur une période déterminée de façon arbitraire et publient les montants qui restent à amortir.

3. Publication d'informations sur les plus-values et les moins-values non réalisées

Dans quatre pays Membres (Luxembourg, Turquie, Suisse et Danemark) aucune information n'est publiée sur les plus-values et les moins-values non réalisées. En Suisse, certaines compagnies indiquent la modification globale des valeurs dans leurs rapports annuels. En Belgique, les moins-values (durables) non réalisées doivent être comptabilisées tandis que les plus-values non réalisées peuvent l'être par création d'un poste au passif du bilan. Dans les deux cas, les informations sont données séparément en annexe. En France et au Canada, les plus-values et les moins-values non réalisées ne figurent pas en tant que telles dans les états financiers, mais ces données peuvent être obtenues dans la mesure où la valeur marchande a été indiquée. En Suède, ces gains et pertes sont indiqués dans un tableau spécial figurant dans le rapport annuel qui indique les changements dans la valeur marchande. Dans quatre pays Membres (Finlande, Grèce, Italie et Japon), seules les moins-values non réalisées sont indiquées. Dans les autres pays Membres, les plus-values et les moins-values non réalisées sont indiquées (séparément sur une base brute) sauf exceptions, lesquelles sont prévues dans certains cas. Par exemple, en Australie, les plus ou les moins-values attribuables à des assurances à capital variable sont indiquées séparément. De plus, pour certaines catégories d'assurances, la publication de certains éléments de gains non réalisés est laissée à l'appréciation de la compagnie. En Irlande, les compagnies d'assurances ont tendance à n'indiquer les gains et les pertes non réalisés que par rapport aux assurances à capital variable, mais, en général, elles n'indiquent pas séparément les gains et les pertes non réalisés. La pratique générale consiste à ne fournir que des données nettes pour les gains et les pertes non réalisés en ce qui concerne les assurances à capital variable. Dans le cas des assurances autres qu'à capital variable, toutes les compagnies d'assurances irlandaises sauf une portent directement le montant des gains non réalisés dans la réserve pour investissements en sorte que ces gains ne sont pas publiés dans les états financiers. Aux Pays-Bas, les gains et les pertes non réalisés sont généralement indiqués sur une base nette.

Actuellement, la pratique générale des compagnies d'assurances au Royaume-Uni consiste à comptabiliser les placements des fonds de l'assurance générale à la valeur du marché. Dans ce cas, les gains et les pertes non réalisés après impôt sont généralement portés directement aux réserves, lesquelles sont la plupart du temps publiées. Dans certains cas, les gains réalisés et non réalisés au cours de l'exercice sont indiqués séparément. Dans d'autres cas, ces gains ne sont indiqués que dans un seul montant. Il existe également une minorité de compagnies qui portent les gains non réalisés sur placement à des réserves occultes ou non publiées.

A l'exception de l'assurance à capital variable et d'autres catégories d'assurance-vie, dont la valeur du contrat pour le au bénéficiaire reflète des gains non réalisés, la proposition de la CEE prévoit l'inscription des gains non réalisés dans une réserve de réévaluation qui figure au bilan. Ces gains ne seront pas reflétés au compte de résultat et ne pourront donc pas être distribués.

La distribution des gains non réalisés est possible en Australie, Finlande et Nouvelle-Zélande. En Irlande, les gains non réalisés peuvent être distribués. Le Canada et les Etats-Unis permettent la distribution d'une partie des gains non réalisés si les exigences des autorités de surveillance ont été respectés.

B. Remarques

Les règles d'évaluation appliquées aux placements peuvent avoir un effet direct sur la situation financière et sur les résultats des compagnies d'assurances. Les méthodes d'évaluation en usage dans les différents pays prévoient l'évaluation sur la base du coût d'acquisition ou sur la base de la valeur marchande. L'évaluation des placements à leur valeur marchande, lorsqu'elle est autorisée, est pratiquée plus fréquemment par les compagnies d'assurances que par les autres catégories de sociétés.

Il est intéressant de se référer aux recommandations de la norme internationale N° 25 publiée par l'IASC en mars 1986, qui établit un cadre général pour la comptabilisation des placements dans les états financiers des entreprises. L'IAS 25 ne s'applique pas aux placements des compagnies d'assurance-vie, mais devrait être progressivement intégrée aux normes et aux pratiques comptables relatives aux placements des compagnies d'assurances générales. Il faut noter à cet égard que l'IAS 25 prévoit que les placements soient évalués à la plus faible d'entre leurs valeurs d'acquisition et marchande, ou à leur valeur marchande ; elle recommande l'indication de la valeur marchande à titre complémentaire lorsque les placements sont comptabilisés au coût historique.

L'évaluation des placements à la valeur marchande ou à une valeur basée sur des hypothèses actuarielles ferait apparaître la capacité de la compagnie d'assurances à honorer ses engagements. Tout en reconnaissant que les règles d'évaluation continueront à être fixées selon des méthodes nationales différentes, il a été suggéré, dans l'intérêt de la comparabilité des états financiers, d'indiquer la valeur marchande, lorsque le coût historique a été retenu comme base d'évaluation.

Selon la pratique prédominante dans la plupart des pays Membres, les gains et les pertes réalisés sont indiqués séparément, de préférence sur une base brute. Le traitement comptable des gains et des pertes non réalisés soulève des problèmes fondamentaux relatifs au concept de bénéfice qui dépassent le cadre de cette étude. Ce sujet a d'ailleurs été inclus dans le programme général du Groupe de travail sur les normes comptables.

IV. PROVISIONS TECHNIQUES

A. Pratiques actuelles

Les modifications apportées aux provisions techniques présentent un intérêt particulier pour les résultats d'exploitation des compagnies d'assurances. Ces provisions sont définies comme étant les montants que les compagnies d'assurances doivent publier, en conformité avec le principe de sincérité des comptes ; elles doivent être constituées pour couvrir les engagements pris par l'assureur à l'égard des assurés ou des autres bénéficiaires des polices : provisions pour primes non acquises, risques en cours, sinistres restant à payer et réserves pour fluctuation des sinistres.

Ainsi que le montre l'annexe II, les compagnies d'assurance font état de provisions techniques variées. Celles que l'on rencontre le plus fréquemment en matières d'assurances générales sont :

-- La provision pour risques en cours ;

-- La provision pour primes non acquises ;

-- La provision pour sinistres restant à payer et sinistres survenus mais non déclarés.

La provision mathématique actuarielle est la provision la plus fréquemment utilisée par les compagnies d'assurance-vie.

B. Remarques

Les délais inhérents à la déclaration et au règlement des sinistres rendent souvent difficile pour les compagnies d'assurances l'estimation des provisions nécessaires. Pour faciliter la comparaison entre compagnies d'assurances, il est nécessaire d'indiquer dans la description des méthodes comptables de quelle manière ont été calculées les "provisions techniques".

V. AMORTISSEMENTS

A. Pratiques actuelles

Il semble que de nombreux pays n'aient pas de règles propres aux compagnies d'assurances pour l'amortissement des biens immobiliers. Il n'existe pas non plus de traitement comptable spécifique pour les biens immobiliers appartenant aux compagnies d'assurances et occupés par elles. Néanmoins, il existe au Canada une différence dans les pratiques des compagnies d'assurance-vie. Certaines comptabilisent leurs biens à la valeur d'acquisition, déduction faite du montant cumulé des amortissements. D'autres appliquent une formule qui tient compte des plus-values et des moins-values réalisées et non réalisées de leurs biens sur un exercice donné. (Il est envisagé de rendre cette méthode obligatoire pour toutes les compagnies d'assurance-vie).

En général, la valeur nette réalisable annuelle sert de base d'évaluation des biens immobiliers des compagnies d'assurance. Les biens immobiliers ne sont donc pas amortis, mais leur valeur est ajustée. Dans certains pays, les biens immobiliers appartenant aux compagnies d'assurances sont périodiquement réévalués au lieu d'être amortis. Au Portugal, par exemple, ils sont réévalués, en vertu de barèmes publiés chaque année soit par le Ministère des Finances, soit par des experts officiels. En Finlande, la valeur des biens immobiliers appartenant aux compagnies d'assurances et occupés par elle est révisée tous les ans. En Suède, tous les biens immobiliers sont évalués à leur valeur minimale (soit coût d'acquisition soit valeur marchande) alors que les immobilisations sont évaluées à leur coût d'acquisition moins les amortissements cumulés. En Norvège, les biens des compagnies d'assurance-vie doivent être réévalués tous les dix ans. Au Royaume-Uni, ils sont périodiquement réévalués et comptabilisés à la valeur réévaluée. Les immeubles occupés par les compagnies d'assurances ne sont amortis que s'ils constituent une partie importante du portefeuille des placements.

B. Remarques

De nombreux pays examinés dans cette étude ne connaissent aucune règle spécifique pour l'amortissement des biens immobiliers, et n'ont pas non plus de pratique comptable particulière pour les biens immobiliers appartenant aux compagnies d'assurances et occupés par elles. De toute façon, aucune régle spécifique d'amortissement n'est nécessaire lorsque les biens immobiliers sont inscrits au bilan à leur valeur marchande. Dans ces cas, toute variation de valeur serait inscrite dans un poste de réévaluation et non comme une charge d'amortissement au compte de profits et pertes.

VI. IMPOSITION DES BENEFICES

A. Pratiques actuelles

1. Règles d'imposition spécifiques aux compagnies d'assurances

Les méthodes d'imposition des compagnies d'assurances diffèrent d'un pays à l'autre. De plus, la charge fiscale comprend généralement deux éléments : les impôts exigibles et les impôts différés, qui peuvent figurer séparément ou non dans les états financiers. Dans certains pays, la constitution de provisions pour impôts différés peut être interdite ou n'être autorisée qu'à certaines conditions.

2. Distinction entre l'imposition des résultats techniques et celle des résultats non techniques

Il n'existe de distinction entre l'imposition des résultats techniques et celle des résultats non techniques dans aucun pays.

3. Règles spécifiques aux impôts différés

Pour les impôts différés, les réponses des pays n'ont pas fait apparaître de règle comptable qui soit spécifique aux compagnies d'assurances.

B. Remarques

Dans la plupart des pays, la comptabilisation de l'impôt sur les bénéfices ne pose pas de problème qui soit particulier aux compagnies d'assurances. Mais, dans certains pays, la comptabilisation des impôts différés par les compagnies d'assurance-vie fait l'objet d'un réexamen.

VII. CYCLES COMPTABLES S'ETENDANT SUR PLUS D'UN EXERCICE

A. Pratiques actuelles

Les activités des compagnies d'assurances présentent certaines caractéristiques susceptibles de faire obstacle à la comptabilisation annuelle des profits et pertes, puisque les délais qu'impliquent la déclaration des sinistres et leur règlement peuvent s'étendre sur plusieurs années. Dans certains pays et pour certaines branches d'assurances, comme l'assurance des transports, il est d'usage de différer la comptabilisation des bénéfices de un ou plusieurs exercices comptables (et, dans l'intervalle, d'enregistrer les bénéfices encaissés, sauf dans les cas où l'on prévoit des pertes). Des pratiques similaires existent dans la branche de la réassurance.

Ainsi qu'il ressort des réponses reçues des pays examinés, des comptes qui s'étendent sur plusieurs exercices sont établis uniquement en Irlande, aux Pays-Bas et au Royaume-Uni et parfois en Nouvelle-Zélande. Aux Pays-Bas, ils sont utilisés pour l'assurance du crédit et l'assurance maritime et aérienne. Bien qu'ils puissent s'étendre sur une période plus ou moins longue, ils recouvrent généralement trois à quatre exercices. Au Royaume-Uni, les assurances maritimes, aériennes et la réassurance sont toujours comptabilisées sur une base provisionnelle. Il arrive également que certaines autres catégories d'assurances qui connaissent des délais longs dans le développement de leurs comptes soient traitées de la même façon. Ceci veut dire dans la pratique que les primes, moins les sinistres et les dépenses, sont déposées dans un fonds de réserve pour chaque année et y sont conservées pendant trois ou quatre ans avant de déterminer le résultat. Aucun profit n'est constaté jusqu'à l'exercice dans lequel le compte est clos. Mais des provisions sont établies pour des pertes éventuelles dès qu'elles sont prévisibles. La réassurance proportionnelle est, en règle générale, comptabilisée sur une base provisionnée de deux ans.

En Norvège et en Suède, pour les assurances maritimes, il est d'usage de différer la comptabilisation des bénéfices pendant trois ans. Pour la réassurance, la comptabilisation des bénéfices est généralement différée d'une année. La proposition de la CEE fait la distinction entre trois méthodes de "comptabilité différée" et prévoit des dispositions détaillées en ce qui concerne leur application, par exemple les délais alloués à la méthode utilisée.

Pour la plupart des autres pays qui ne pratiquent pas les comptes pluri-annuels (Allemagne, Belgique, Canada, Espagne, Etats-Unis, Finlande, France, Italie, Japon, Portugal), on constitue des provisions pour sinistres en cours qui sont basées sur les renseignements disponibles ; pour les sinistres survenus mais non déclarés, on utilise diverses formules et méthodes qui s'inspirent largement de l'expérience du passé. En outre, en Allemagne, dans les catégories d'assurances où l'établissement des comptes se fait sur la base d'une seule année (spécialement pour les assurances maritimes), le montant des primes n'est pas fixé avant plusieurs années, et, si nécessaire, on fait appel à des contributions supplémentaires de la part de l'assuré.

B. Remarques

Les comptes pluriannuels sont pratiqués dans quelques pays seulement. D'autres pays, pour calculer les provisions techniques, tiennent compte des délais intervenant entre la déclaration et le règlement des sinistres. Lorsque, outre les provisions techniques, on utilise des méthodes spéciales comme les comptes pluriannuels, la publication des méthodes comptables utilisées dans les états financiers améliorerait la comparabilité.

VIII. CONVERSION DES COMPTES LIBELLES EN MONNAIE ETRANGERE

A. Pratiques actuelles

Les réponses reçues des pays examinés ne font apparaître aucune règle portant sur la publication des gains ou pertes de change qui soit spécifique aux compagnies d'assurances, à l'exception du Canada, où les compagnies d'assurance-vie ont utilisé un taux comptable pour la conversion des transactions libellées en monnaie étrangère. Les pratiques actuelles sont donc analogues à celles que suivent les autres catégories d'entreprises. Il existe des différences importantes en matière de publication des gains et pertes de change. Dans certains pays, ces gains et pertes sont indiqués séparément alors que, dans d'autres pays, ils peuvent être regroupés sous une rubrique différente sans être pour autant distingués. Les méthodes utilisées ne sont pas toujours indiquées comme c'est le cas pour toutes les catégories d'entreprises.

B. Remarques

La conversion des comptes libellés en monnaie étrangère ne pose aucun problème que l'on puisse considérer comme spécifique aux compagnies d'assurance. On peut donc se référer aux considérations générales qui sont exposées dans le rapport du Groupe de travail sur ce sujet (4).

IX. BONIFICATIONS ET RISTOURNES ACCORDEES AUX TITULAIRES DES POLICES

A. Pratiques actuelles

Les bonifications et ristournes constituent un élément caractéristique des activités des compagnies d'assurances. Les bonifications comprennent tous les montants imputables à l'exercice qui sont payés ou à payer aux souscripteurs et autres assurés ou qui sont provisionnés en leur faveur, y compris les montants pour accroître les provisions techniques ou pour réduire les primes futures, dans la mesure où ces montants constituent l'allocation d'un excédent ou d'un profit résultant de l'ensemble des opérations ou d'une partie de celles-ci, après déduction des montants qui ont été provisionnés au cours des exercices antérieurs et qui ne sont plus nécessaires. Les ristournes comprennent de tels montants dans la mesure où ils constituent un remboursement partiel de primes effectué sur la base de la performance des contrats (par exemple absence de sinistres).

Conformément à la loi, aux accords, aux statuts ou au programme de la compagnie d'assurances, des bonifications sont accordées aux titulaires des polices dans tous les pays étudiés. Elles sont le plus souvent distribuées dans les secteurs de l'assurance-vie, de l'assurance-accidents et de l'assurance immobilière. Elles sont accordées, soit sous forme de ristournes sur les primes (Allemagne, Australie, Belgique, Espagne, Grèce, Japon, Norvège, Pays-Bas, Portugal, Royaume-Uni, Suède, Suisse), soit par une augmentation du montant de la couverture (Allemagne, Belgique, Norvège, Pays-Bas, Suède, Suisse), soit par la distribution de dividendes (Allemagne, Canada, Danemark, Espagne, Japon, Nouvelle-Zélande, Suisse,). En Finlande, des bonifications sont accordées soit sous forme de ristournes sur les primes soit par une augmentation du montant de la couverture. Aux Etats-Unis, les dividendes peuvent être distribués aux titulaires et sont utilisés pour raccourcir la durée de paiement des primes, ou laissés en dépôt. Au Canada, les bonifications peuvent également être utilisées pour augmenter le montant de la couverture ou pour réduire les primes versées par les assurés. Selon la proposition de directive de la CEE, les bonifications incluent même les montants utilisés pour augmenter les provisions techniques ou servant à réduire les primes futures.

En France, les assurés sur la vie participent aux résultats techniques et financiers au moyen d'une augmentation de couverture. A l'exception des mutuelles, ces bonifications sont incorporées aux résultats d'exploitation. En matière d'assurances générales, des bonifications sont accordées aux assurés à titre de réductions de primes.

Au Canada et au Danemark, en Belgique, au Japon, en Allemagne et aux Pays-Bas, les bonifications sont indiquées séparément dans le compte de résultat. Il est également possible de les inscrire au bilan sous forme d'apports aux provisions mathématiques (Allemagne, Danemark). En Nouvelle-Zélande et en Australie, il n'existe aucune forme de publication.

Les bonifications accordées par les assurances-vie sous forme d'une augmentation de la couverture sont comptabilisées à titre d'augmentation du fonds de prévoyance pour les assurés (Nouvelle-Zélande) ou des provisions mathématiques (Allemagne, Australie, Belgique, Danemark, Etats-Unis et

Portugal). Aux Pays-Bas, les bonifications accordées au titulaire par le truchement de l'augmentation du montant de la couverture ne sont incluses dans le compte de l'affectation des profits que si elles dépendent des résultats d'exploitation de la compagnie. Sinon, elles sont généralement inscrites en charges au compte de résultat. Au Canada, elles sont traitées comme des dividendes et entrent dans le calcul des provisions mathématiques.

A la différence des bonifications, les ristournes pratiquées dans la branche "assurances générales" définie ci-dessus sont généralement prises en compte à l'occasion de la procédure de renouvellement annuel de la police et les conditions de la réduction accordée peuvent être modifiées ou celle-ci peut être supprimée par l'assureur dans certains circonstances.

B. Remarques

Dans tous les pays, l'attribution aux assurés de bénéfices sous forme de bonifications est une caractéristique importante pour l'activité d'assurances, en particulier pour l'assurance-vie pour laquelle des polices peuvent être sélectionnées qui reçoivent une part des bénéfices ou des excédents du fonds d'assurance-vie. Ces bonifications sont versées durant toute la durée de la police et constituent des engagements contractuels de l'assureur. L'indication séparée des montants en question est considérée comme un indicateur important des résultats et des pratiques suivies par les compagnies d'assurances.

X. VENTILATION DU RESULTAT D'EXPLOITATION PAR BRANCHE D'ACTIVITE ET PAR ZONE GEOGRAPHIQUE

A. Pratiques actuelles

Les pratiques des compagnies d'assurances pour la ventilation des résultats d'exploitation diffèrent considérablement suivant les pays. Sur les différentes branches d'assurance ainsi que sur les activités directes d'assurance et de réassurance, c'est en général des renseignements détaillés qui sont fournis. Pour ce qui est des zones géographiques, une distinction est parfois opérée entre les résultats d'exploitation dans le pays d'origine et ceux qui sont réalisés à l'étranger.

1. Ventilation par branche d'activité

Distinction entre assurance-vie et assurance générale

Aux termes de la première Directive du Conseil de la CEE du 5 mars 1979, les compagnies d'assurances nouvellement constituées et qui opèrent dans les Etats membres de la Communauté Européenne ne sont pas autorisées à pratiquer simultanément l'assurance-vie et l'assurance générale au sein de la même entité, sauf au Royaume-Uni et au Luxembourg. Cette interdiction s'applique également en Finlande, en Islande, au Japon, en

Norvège et en Suède. Dans les autres pays, la ventilation des informations se fait généralement entre les branches 'vie' et 'non-vie' : Australie, Etats-Unis, Nouvelle-Zélande, Suisse. Au Canada, les compagnies d'assurance-vie font généralement une distinction entre les activités 'vie' et les activités 'accidents et maladies'.

Distinction entre assurance et réassurance

Un certain nombre de pays pratiquent une ventilation selon ce critère. En Allemagne par exemple, pour l'assurance-vie et l'assurance-maladie, on distingue l'un de l'autre si le montant brut des primes afférentes à la réassurance est supérieur à 3 pour cent du montant brut des primes relatif à l'assurance directe. En assurance de biens immobiliers et dans la branche 'accidents', des comptes séparés doivent être publiés pour certaines catégories d'activités d'assurance directe et de réassurance au-delà d'un certain seuil. En Belgique, pour les résultats techniques et financiers, une ventilation est exigée, par groupe d'activités, entre opérations d'assurance directe en Belgique et affaires acceptées en réassurance. Dans certains pays (Australie et Finlande), les renseignements ne sont fournis que pour les primes.

Distinction entre les différentes branches d'assurances

En Allemagne (où les compagnies d'assurance immobilière et d'assurance-accidents ainsi que les compagnies de réassurance présentent les résultats techniques par branche d'activité) et en Australie, on fait la distinction. En Belgique, les résultats techniques et financiers sont ventilés par groupe d'activités, chaque groupe d'activités pouvant concerner plusieurs branches. En Espagne et en France, les compagnies doivent se conformer à des modèles spécifiques pour ventiler les résultats d'exploitation par branche d'activité en annexe aux états financiers. Au Canada, certains assureurs pratiquent une ventilation par catégorie d'assurances. Au Royaume-Uni, la ventilation par branche d'activité est exigée par la réglementation boursière pour les sociétés cotées. Elle est fournie, soit dans les états financiers, soit ailleurs dans le rapport annuel.

2. Ventilation par zone géographique

Aux Etats-Unis, les résultats d'exploitation sont présentés par zone géographique. Dans d'autres pays, on procède à une ventilation de la manière suivante : on distingue entre activités nationales et activités à l'étranger : Espagne, Canada (où les compagnies d'assurance immobilière et d'assurance-accidents ainsi que les compagnies de réassurance présentent les résultats techniques par branche d'activité) et Australie. Aux Pays-Bas, les compagnies d'assurance qui ont des activités mondiales ont tendance à ventiler les informations par zone géographique. En Suisse, une telle différenciation ne concerne que les primes. Au Royaume-Uni, les résultats d'exploitation sont souvent ventilés entre opérations nationales et opérations à l'étranger les plus importantes, avec une indication des résultats obtenus par la compagnie dans chaque région.

B. Remarques

Dans la plupart des pays étudiés, on distingue entre assurance-vie et assurances générales. Il existe des différences importantes dans la qualité des informations publiées dans les pays Membres. En ce qui concerne la ventilation par branche d'activité, la plupart des pays font la distinction entre assurance-vie et assurance générale, et assurance directe et réassurance. La publication séparée des résultats de réassurance est relativement peu fréquente. Dans un certain nombre de pays Membres, les résultats des catégories individuelles ou groupes de catégories d'assurances sont indiqués séparément, bien que, dans certains pays, ces renseignements soient fournis exclusivement aux autorités de surveillance. Tous les états financiers des compagnies d'assurances font apparaître une certaine ventilation géographique des résultats, au minimum entre les transactions effectuées dans le pays d'origine et celles faites à l'étranger.

La clarification générale portant sur la ventilation des informations qui figure dans la publication de 1983 s'applique aux compagnies d'assurances. Il serait souhaitable que les méthodes choisies et les critères utilisés pour déterminer les "principales branches d'activités" ainsi que les critères pour le choix des zones géographiques et les méthodes suivies pour attribuer des activités à ces zones soient indiqués.

XI. REASSURANCES

A. Pratiques actuelles

Aux Etats-Unis et en Australie de même qu'au Canada pour un certain nombre de compagnies d'assurances, il est fourni des informations sur la réalité des pratiques en matière de limite de couverture, de réassurance, de retenue nette et autres. Dans la plupart des autres pays, ces renseignements ne sont pas donnés ou s'ils le sont, c'est uniquement dans des cas limités. La proposition de la CEE fait la distinction entre les résultats techniques de l'assurance-vie et les résultats techniques de l'assurance générale, mais non entre l'assurance directe et la réassurance.

En Australie, au Canada et aux Etats-Unis, dans certains cas, les accords de réassurance servent à des fins autres que celle du transfert des risques. En Australie, de tels accords sont également comptabilisés comme des transactions financières quand ils s'appliquent à l'assurance générale. En ce qui concerne l'assurance-vie, il n'existe pas encore au Canada de pratique établie pour des accords de ce genre. Aux Etats-Unis, le FASB est en train d'étudier ce sujet dans le cadre de son projet relatif à la réassurance et à plusieurs autres questions en matière de comptabilisation des compagnies d'assurances.

B. Remarques

Dans l'intérêt d'une comparabilité accrue, il serait utile de publier toutes les informations pertinentes sur la comptabilisation des transactions de réassurance sous la rubrique "méthodes comptables".

Table 1

INVESTMENT GAINS AND LOSSES

Countries	Valuation of investment properties	Financial investments
Australia	Cost, market value or Directors' "book value"	Cost, amortized value, market value or Directors' "book value"
Belgium (estimated)	Cost less depreciation with possibility of revaluation	Generally at market value (estimated for non-quoted companies)
Canada	Generally cost less depreciation	<u>Bonds</u>: amortized value <u>Shares</u>: Life assurance: Cost as adjusted for proportion of unrealised gains/losses and in some cases realised gains/losses Non-life: Cost or market value
Denmark	Lower or equal to official valuation	<u>Quoted</u>: market value <u>Non-quoted</u>: equity <u>Fixed term bonds</u>: Life: Amortized value; Non-life: Cost or market value if lower
Finland	Cost less depreciation with possibility of revaluation	Lower of cost or market value
France	Cost less depreciation or expert valuation	Generally lower of cost or market value
Germany	Cost less depreciation	-- Securities: lower of cost or market value -- Other financial investments: if market value is below cost write-off possible in case of temporary depreciation and compulsory in case of permanent depreciation
Greece	Cost less any provision for depreciation	Lower of cost or market value (overall)
Ireland	Cost less depreciation	Cost, cost less reserve or market value

Tableau 1

GAINS ET PERTES SUR PLACEMENTS

Pays	Evaluation de biens immobiliers	Placements financiers
Allemagne	Valeur d'acquisition moins amortissement	Valeurs boursières : valeur minimale Autres placements financiers : si la valeur marchande est inférieure à la valeur d'acquisition, amortissement possible en cas de dépréciation temporaire et obligatoire si la dépréciation est définitive
Australie	Valeur d'acquisition, valeur marchande ou "valeur comptable" déterminée par la direction	Valeur d'acquisition, valeur après amortissement, valeur marchande, valeur comptable déterminée par la direction
Belgique	Valeur d'acquisition moins amortissement, possibilité de réévaluation	En général, valeur marchande (estimée pour les sociétés non cotées)
Canada	En général, valeur d'acqui-sition moins amortissement	Obligations : valeur après amortissement Actions : Assurance-vie : valeur d'acqui-sition ajustée en proportion de gains ou pertes non réalisées et, dans certains cas, de gains ou pertes réalisés Assurance générale : valeur d'acquisition ou valeur marchande
Danemark	Valeur minimale ou évaluation officielle	Sociétés cotées : valeur marchande Sociétés fermées : mise en équivalence Obligations à terme Assurance-vie : valeur après amortissement assurance générale : valeur minimale

GAINS ET PERTES SUR PLACEMENTS (suite)

Pays	Evaluation de biens immobiliers	Placements financiers
Espagne	Evaluation par expert	Valeur minimale
Etats-Unis	Valeur d'acquisition moins amortissement	Actions : valeur marchande Obligations : valeur marchande mais s'il est envisagé de conserver jusqu'à échéance, valeur après amortissement Prêts : solde principal moins déductions pour créances irrecouvrables
Finlande	Valeur d'acquisition moins amortissement, possibilité de réévaluation	Valeur minimale
France	Valeur d'acquisition moins amortissement ou évaluation par expert	Valeur minimale
Grèce	Valeur d'acquisition moins amortissement	Valeur minimale
Irlande	Valeur d'acquisition moins dépréciation	Valeur d'acquisition, avant ou après provision ou valeur marchande
Italie	Valeur d'acquisition, (moins dépréciation pour les immeubles utilisés par l'entreprise) et possibilité de réévaluation pour des raisons spéciales	Actions et obligations : valeur déterminée par la direction en suivant le principe de la prudence Autres participations : valeur déterminée sur la base du montant figurant au bilan des entreprises auxquelles elles se réfèrent
Japon	Valeur d'acquisition moins amortissement	Société cotées : valeur minimale Sociétés fermées : valeur d'acquisition
Luxembourg	Mêmes règles que pour autres catégories de sociétés	La plus faible valeur marchande cotée
Nouvelle-Zélande	Mêmes règles que pour les autres sociétés	Mêmes règles que pour les autres sociétés
Norvège	Evaluation fiscale ou évaluation par expert	Jusqu'à la valeur marchande à la fin d'exercice

GAINS ET PERTES SUR PLACEMENTS (suite)

Pays	Evaluation de biens immobiliers	Placements financiers
Pays-Bas	Valeur estimée (résultat futur actualisé)	Actions : valeur marchande Obligations : valeur minimale Prêts : valeur nominale ou valeur après amortissement
Portugal	Terrains : valeur d'acquisition Immeubles : valeur marchande	Valeur marchande
Royaume-Uni	Valeur marchande (évaluation professionnelle indépendante)	Valeur marchande dans la plupart des cas
Suède	En général, valeur minimale	En général, valeur minimale
Suisse	Mêmes règles que pour les autres sociétés	Valeur minimale
Turquie	Valeur d'acquisition	Valeur marchande

Tableau 2

PROVISIONS TECHNIQUES

	Belgique	Canada	Danemark	Finlande	France
1. Provision pour risques en cours	Oui, selon l'expérience	Prorata temporis			Montant minimal de 36 % des primes brutes
2. Provision pour primes non acquises (en général nette d'acquisition)	Oui, prorata temporis	Oui : Montants nécessaires pour compenser les pertes existantes à la date de clôture	Oui	Prorata temporis ou pourcentage fixe	
3. Provision pour sinistres restant à payer et sinistres survenus mais non déclarés	Oui, (selon l'expérience, pour les sinistres survenus mais non déclarés)	-- Méthodes statistiques -- Expérience	-- Evaluation individuelle -- Méth. statistiques	Méthode statistique et évaluations individuelles	Oui -- y compris frais généraux pour l'instruction des sinistres (5% des provis./pertes)
4. Assurance-vie -- provision mathématique	Oui	Méthodes actuarielles	Méthode mathématique ou méthode "Zillmer"	Méthode "Zillmer"	
5. Catastrophes/risques importants				Individuellement	Oui
6. Fluctuation des risques		Méth. mathématique	Méth. mathématique	Méth. mathématique	
7. Déchéance					
8. Provision pour bonifications	Oui			Oui	
9. Autres provisions	Oui, selon l'expérience				

27

PROVISIONS TECHNIQUES(Suite)

	Allemagne	Irlande	Italie	Japon	Luxembourg
1. Provision pour risques en cours	Oui, selon l'expérience				Oui
2. Provision pour primes non acquises (en général nette de frais directs d'acquisition)	En général, quotidiennement prorata	24èmes et 365èmes tenant compte des frais d'acquisition différés	Quotidiennement prorata ou pourcentage fixe	Oui, (d'habitude), mensuellement, au prorata et en général, avant déduction des frais directs ou d'acquisition	Oui
3. Provision pour sinistres restant à payer et sinistres survenus mais non déclarés	Oui, selon l'expérience	Cas par cas et méthode mathématique et actuarielle	Sauf pour l'assurance obligatoire automobile (responsabilité civile)	Oui, pour assurance automobile volontaire assurance accidents personnels, police, mixte long terme d'assurance accidents, assurance responsabilité civile et accidents de travail	Oui
4. Assurance-vie — provision mathématique	Méthode mathématique	Méthodes actuarielles		Oui, méthode nette ou méthode "Zillmer"	Oui
5. Catastrophes/risques importants	Oui			Oui	
6. Fluctuation des risques	Méthode mathématique				
7. Déchéance					
8. Provision pour bonifications	Oui			Oui	
9. Autres provisions	— Provision pour annulation des primes — Provision pour primes non acquises du fait de la suspension prov. des assur. automobiles			Provision pour gains de réévaluation/ventes	

PROVISIONS TECHNIQUES(Suite)

	Pays-Bas	Nouvelle-Zélande	Norvège	Portugal	Espagne
1. Provision pour risques en cours	Report intégral			Proration temporis ou % du revenu des primes	Méthodes statistiques
2. Provision pour primes non acquises (en général nette de frais directs d'acquisition)	Prorata temporis ou report partiel	24ème ou pourcentage fixe des primes émises	Oui, expérience		
3. Provision pour sinistres restant à payer et sinistres survenus mais non déclarés	— Evalusation cas par cas — Méth. statistique — Expérience (à l'exception des frais généraux)	Expérience statistique	Oui, méthodes statistiques	En général, méthodes individuelles	
4. Assurance-vie — provision mathématique	Méthode nette ou méthode mathématique "Zillmer"			Méthode mathématique	Méthodes statistiques
5. Catastrophes/risques importants	De temps à autre				Oui
6. Fluctuation des risques			Oui		
7. Déchéance	Oui				
8. Provision pour bonifications					
9. Autres provisions	Résiliation de primes				

29

PROVISIONS TECHNIQUES(Suite)

	Suède	Suisse	Turquie	Royaume-Uni	Etats-Unis
1. Provision pour risques en cours	Oui	Oui		Oui	Oui
2. Provision pour primes non acquises (en général nette de frais directs d'acquisition)	Oui	Oui, pas de méthode définie	Oui	24èmes ou quotidienne-ment prorata	Méthodes statistiques
3. Provision pour sinistres restant à payer et sinistres survenus mais non déclarés	Oui	Oui	Oui	Oui, déclarés et non déclarés	Oui
4. Assurance-vie — provision mathématique	Evaluation actuarielle	Oui des primes nettes	Calculée sur la base	Evaluation actuarielle	Evaluations actuarielle
5. Catastrophes/risques importants		Oui		De temps en temps	Non
6. Fluctuations des risques	Oui				Non
7. Déchéance					Assurance-vie seulement
8. Provision pourr bonifications	Oui			Oui	Oui
9. Autres provisions					Non

QUESTIONNAIRE SUR LES RESULTATS D'EXPLOITATION
DES COMPAGNIES D'ASSURANCES

A. DISTINCTION ENTRE RESULTATS TECHNIQUES ET RESULTATS NON TECHNIQUES

Dans certains pays, une distinction très claire est établie entre les résultats techniques (c'est-à-dire les résultats provenant d'activités d'assurances proprement dites) et les résultats non techniques (c'est-à-dire les résultats provenant essentiellement de placements). De plus, lorsque cette distinction est clairement faite, une partie du produit des placements peut être comptabilisée dans les résultats techniques.

QUESTIONS

1) Dans votre pays, est-ce qu'une distinction est clairement établie entre résultats techniques et résultats non techniques ?

2) Une distinction est-elle établie entre le résultat technique de la branche assurance-vie et le résultat technique des branches autres que l'assurance-vie ?

3) En cas de réponse affirmative, quels sont les éléments constitutifs du résultat technique dans le cas de :

a) L'assurance autre que l'assurance-vie ?

b) L'assurance-vie ?

c) Fournit-on une analyse relative à la composition des résultats techniques de la branche assurance-vie, comme, par exemple, les différences entre d'une part, les données relatives aux intérêts, les charges et les données actuarielles (mortalité, invalidité) et, d'autre part, les montants correspondants qui sont inscrits dans le compte de résultat.

4) Dans le cas où une distinction n'est pas clairement établie dans les états financiers entre résultats techniques et résultats non techniques, est-il cependant possible de calculer séparément les résultats techniques et les résultats non techniques à partir des renseignements figurant dans les états financiers ?

5) Est-il d'usage dans votre pays de comptabiliser le produit des placements dans les résultats techniques ?

   a) Si oui, sur quelles bases sont réalisées de telles comptabilisations ?

   b) En matière d'assurance-vie, si le produit des placements est traité comme constituant une partie des résultats techniques, opère-t-on une déduction pour les intérêts ?

B. GAINS ET PERTES SUR PLACEMENTS

Les gains et pertes sur placements peuvent être considérés comme rentrant tout autant dans le champ des activités ordinaires d'une compagnie d'assurances que le produit de ses placements, car dans les deux cas, il s'agit d'éléments constitutifs du rendement global des placements.

Les gains et pertes sur placement dépendent dans une large mesure de la manière dont les placements sont évalués. Comme on l'a vu, les pratiques diffèrent considérablement suivant les pays et suivant les catégories de placements.

Dans certains pays, les biens immobiliers acquis à titre de placements (bâtiments, terrains, etc.) sont comptabilisés au coût d'achat alors que dans d'autres, ils le sont sur la base de leur valeur vénale, en général telle qu'elle a été évaluée par un expert.

En ce qui concerne les actifs financiers (obligations et actions) qui constituent une autre catégorie importante de placements des compagnies d'assurances, la valeur retenue peut être le prix d'achat, la valeur vénale, la valeur nominale, etc.

De plus, dans de nombreux pays, les compagnies d'assurances ne comptabilisent les plus-values et les moins-values que lorsque celles-ci ont été réalisées. Pour ce qui est des informations fournies sur les gains et pertes non réalisés, les pratiques diffèrent considérablement.

QUESTIONS

   1) Evaluation des placements

   a) Existe-t-il des règles et des pratiques spécifiques relatives à l'évaluation des biens immobiliers acquis par les compagnies d'assurances à titre de placements (bâtiments, terrains, etc.) ? Veuillez les décrire.

   b) Sur quelle base les placements financiers (par exemple, actions, obligations, etc.) sont-ils évalués dans votre pays ?

   c) Fait-on la différence entre les compagnies d'assurance et les autres compagnies, entre l'assurance-vie et les autres branches d'assurances ?

2) Renseignements fournis sur les plus-values et les moins-values réalisées

   a) Est-ce que des renseignements sur les plus-values et les moins-values réalisées sont publiés dans votre pays ?

   b) Les plus-values et les moins-values sont-elles publiées séparément ? Quelles sont les méthodes comptables utilisées ?

3) Renseignements sur les plus-values et les moins-values non réalisées

   a) Est-ce que des renseignements sur les plus-values et les moins-values non réalisées sont fournis dans votre pays ?

   b) Les plus-values et les moins-values sont-elles publiées séparément sur une base brute ou nette et, si oui, dans quelle partie des états financiers ? Quelles sont les méthodes comptables utilisées ?

   c) Les bénéfices non réalisés peuvent-ils être distribués ?

C. PROVISIONS TECHNIQUES

Les variations dans les provisions techniques sont particulièrement intéressantes à étudier dans le cadre des résultats d'exploitation des compagnies d'assurances. Ces provisions sont définies, pour le propos de ce questionnaire, comme les montants que les compagnies d'assurances doivent publier en conformité avec le principe de sincérité des comptes et qui doivent être propres à remplir les obligations que l'assureur a contractées avec ses actionnaires et avec les bénéficiaires des contrats (c'est-à-dire provisions pour primes non acquises, sinistres en suspens et réserve pour fluctuation des sinistres).

QUESTIONS

   1) Quelles sont les provisions techniques utilisées par les compagnies d'assurances dans votre pays ?

   2) Comment ces provisions sont-elles publiées ? Quelles méthodes utilise-t-on pour les déterminer et les évaluer ?

D. AMORTISSEMENT

Aux fins d'amortissement, une distinction peut être établie entre les biens immobiliers acquis à titre de placement et les biens immobiliers appartenant à et occupés par une compagnie d'assurances. Dans certains pays, les biens immobiliers acquis à titre de placement, au lieu de donner lieu à amortissement, sont régulièrement réévalués. Les biens immobiliers appartenant à et occupés par une compagnie d'assurances peuvent être soumis à un régime comptable différent.

QUESTIONS

1) Existe-t-il des règles et/ou pratiques particulières relatives aux compagnies d'assurances ?

2) Existe-t-il un régime comptable spécial pour les ajustements de valeurs applicable dans votre pays aux biens immobiliers appartenant à et occupés par des compagnies d'assurances :

a) Pour les amortir ?

b) Pour les évaluer ?

E. IMPOSITION DES REVENUS

Les pratiques en matière d'imposition des compagnies d'assurances diffèrent suivant les pays. Par exemple, le résultat technique peut être imposé de manière distincte du résultat non technique. De plus, la charge fiscale comprendra en général deux éléments : les impôts exigibles et les impôts différés, qui peuvent ou non figurer séparément dans les états financiers. Dans certains pays, la constitution de provisions pour impôts différés peut ou ne peut pas être autorisée ou n'être autorisée que sous certaines conditions.

QUESTIONS

1) Existe-t-il des règles spéciales applicables à l'imposition des compagnies d'assurances qui exercent une quelconque incidence sur les états financiers des compagnies d'assurances ? Veuillez les décrire.

2) Lorsqu'une distinction est établie entre résultat technique et résultat non technique, est-ce que l'impôt correspondant est comptabilisé dans le résultat technique ou est-ce que les impôts dûs sur les résultats techniques et sur les résultats non techniques sont regroupés dans le compte des profits et pertes ?

3) Existe-t-il des règles ou des pratiques particulières pour la comptabilisation des impôts différés par les compagnies d'assurances ? Veuillez les décrire.

F. CYCLE COMPTABLE S'ETENDANT SUR PLUS D'UN EXERCICE

Comme il est indiqué dans le rapport, un certain nombre de caractéristiques particulières, inhérentes à la nature des activités d'assurances, contribuent à rendre plus difficile, dans certains cas, pour les compagnies d'assurances l'évaluation des bénéfices ou des pertes sur une base annuelle, comme les délais qu'impliquent la déclaration et le réglement des sinistres, qui peuvent se chiffrer en de nombreuses années. Dans certains pays, pour certaines branches d'assurances telles que l'assurance des transports, il est d'usage de différer la comptabilisation des bénéfices d'un ou de plusieurs exercices comptables (et d'enregistrer dans l'intervalle les bénéfices encaissés sauf dans les cas où l'on prévoit des pertes). Des pratiques similaires existent dans la branche de la réassurance.

QUESTIONS

1) Est-ce que des comptes pluriannuels sont établis dans votre pays par les compagnies d'assurances ? Dans l'affirmative, prière de fournir des détails sur les catégories d'activités visées, les méthodes utilisées et les périodes sur lesquelles ces catégories d'activités sont comptabilisées.

2) Si des comptes pluriannuels sont établis, quels montants (le cas échéant) sont inclus dans les états financiers annuels réalisés dans l'intervalle ? Est-ce que les pertes prévisibles sont immédiatement comptabilisées ?

3) Si des comptes pluriannuels ne sont pas établis, quelles sont les méthodes utilisées pour la préparation des états financiers annuels en vue d'obtenir les renseignements nécessaires entre autres sur les délais qu'impliquent la déclaration et le réglement des sinistres ?

G. CONVERSION DES COMPTES LIBELLES EN MONNAIES ETRANGERES

Les pertes et les gains de change peuvent représenter un élément important des comptes d'une compagnie d'assurances. Il serait intéressant d'obtenir des informations sur tous les aspects particuliers des pratiques comptables des compagnies d'assurances dans ce domaine.

QUESTIONS

1) Est-ce que les gains et les pertes de change apparaissent clairement dans les états financiers établis par les compagnies d'assurances ? Existe-t-il des différences entre les pratiques comptables utilisées dans la branche de l'assurance-vie et celles des autres branches d'assurances ?

2) Comment les gains et les pertes de change sont-ils comptabilisés :

a) Dans le résultat technique ?

b) Dans le compte de profits et pertes en tant que charge ou produit d'exploitation ?

c) Aux postes "éléments exceptionnels" ?

d) Au compte de réserves ?

3) Est-ce que des renseignements sont publiés sur la méthode utilisée par les compagnies d'assurances pour la conversion des postes libellés en monnaies étrangères ?

H. BONIFICATIONS ACCORDEES AUX TITULAIRES DES POLICES

Les bonifications accordées aux titulaires des polices constituent un élément caractéristique des activités des compagnies d'assurances dans certains pays. Ces bonifications comprennent :

-- Des ristournes sur les primes si aucun sinistre ne s'est produit pendant une ou plusieurs années ;

-- La répartition des excédents ou des bénéfices conformément à la loi, aux statuts ou aux programmes de la compagnie ou sur décision de la direction.

QUESTIONS

1) Est-ce que des bonifications sont accordées aux titulaires des polices dans votre pays ? Dans quelle branche d'assurance et sous quelles formes ?

2) Sous quelle forme apparaissent les bonifications accordées aux titulaires des polices dans le bilan et dans le compte de profits et pertes ?

3) Si elles figurent dans le compte de profits et pertes, ces bonifications sont-elles portées :

a) Séparément, à la suite du résultat d'exploitation de l'exercice ?

b) Incorporées dans le résultat d'exploitation de l'exercice ?

4) Comment sont comptabilisées, en particulier, les bonifications en matière d'assurance-vie accordées sous la forme d'une augmentation des capitaux assurés dans les polices ?

I. VENTILATION DU RESULTAT D'EXPLOITATION PAR BRANCHES D'ACTIVITES ET PAR ZONE GEOGRAPHIQUE

Les pratiques des compagnies d'assurances pour la ventilation du résultat d'exploitation diffèrent considérablement suivant le pays. Des renseignements détaillés sont généralement fournis sur les différentes branches d'assurances ainsi que sur les activités directes d'assurance et de réassurance. Pour ce qui est des zones géographiques, une distinction est parfois opérée entre les résultats d'exploitation obtenus dans le pays d'origine et les résultats d'exploitation obtenus à l'étranger.

QUESTIONS

1) Les résultats d'exploitation des compagnies d'assurances sont-ils comptabilisés globalement ou sont-ils ventilés entre :

a) L'assurance-vie et l'assurance autre que l'assurance-vie ?

b) L'assurance directe et la réassurance directe ?

c) Les différentes branches d'assurances ?

d) Autres distinctions ?

2) Les résultats d'exploitation sont-ils ventilés par zone géographique ?

J. REASSURANCE

On considère généralement souhaitable de publier, sous une forme résumée, les pratiques des compagnies en ce qui concerne les limites de couverture, la réassurance, les retenues nettes et d'autres renseignements similaires.

QUESTIONS

1) Les compagnies de réassurance fournissent-elles généralement le genre de renseignements mentionnés ci-dessus ?

2) Les accords de réassurance qui n'ont pas pour premier objectif le transfert des risques sont-ils comptabilisés comme des transactions financières ?

ACCOUNTING STANDARDS HARMONIZATION

No. 4

OPERATING RESULTS OF INSURANCE COMPANIES

Current practices in OECD countries

Report by the Working Group
on Accounting Standards

ORGANISATION FOR ECONOMIC CO-OPERATION AND DEVELOPMENT

Pursuant to article 1 of the Convention signed in Paris on 14th December, 1960, and which came into force on 30th September, 1961, the Organisation for Economic Co-operation and Development (OECD) shall promote policies designed:

- to achieve the highest sustainable economic growth and employment and a rising standard of living in Member countries, while maintaining financial stability, and thus to contribute to the development of the world economy;
- to contribute to sound economic expansion in Member as well as non-member countries in the process of economic development; and
- to contribute to the expansion of world trade on a multilateral, non-discriminatory basis in accordance with international obligations.

The original Member countries of the OECD are Austria, Belgium, Canada, Denmark, France, the Federal Republic of Germany, Greece, Iceland, Ireland, Italy, Luxembourg, the Netherlands, Norway, Portugal, Spain, Sweden, Switzerland, Turkey, the United Kingdom and the United States. The following countries became Members subsequently through accession at the dates indicated hereafter: Japan (28th April, 1964), Finland (28th January, 1969), Australia (7th June, 1971) and New Zealand (29th May, 1973).

The Socialist Federal Republic of Yugoslavia takes part in some of the work of the OECD (agreement of 28th October, 1961).

PUBLICATIONS DE L'OCDE, 2, rue André-Pascal, 75775 PARIS CEDEX 16 - No 44322 1988
IMPRIMÉ EN FRANCE
(21 88 02 3) ISBN 92-64-03067-0

Any comparison of operating results of various insurance companies is rendered particularly difficult due to the lack of a common definition and the divergencies in the rules for valuing assets and liabilities. International harmonization of accounting practices of insurance companies is still at an early stage.

This is the reason why the Working Group on Accounting Standards of the Committee on Investments and Multinational Enterprises (CIME) decided to conduct a detailed survey to identify present practices in Member countries. The survey was prepared in consultation with members of the accounting profession represented by the Business and Industry Advisory Committee to OECD (BIAC), the Trade Unions Advisory Committee to OECD (TUAC), the International Accounting Standards Committee (IASC) and the Fédération des experts-comptables européens (FEE). The Insurance Committee has also been consulted. The OECD Council derestricted the report on 8th September 1987.

The survey shows wide divergencies in accounting practices which are not always comparable, even within the same country. To improve comparability of financial statements, it is thus necessary to make efforts towards better harmonization. If such harmonization is not feasible in the near future, financial statements should at least provide additional information on accounting policies which have been used and, where relevant, on the effects of these policies on the operating results.

Also Available

HARMONIZATION OF ACCOUNTING STANDARDS. Achievements and Prospects (December 1986)
(21 86 07 1) ISBN 92-64-12895-6   148 pages   £11.00   US$22.00   F110.00   DM49.00

CLARIFICATION OF THE ACCOUNTING TERMS IN THE OECD GUIDELINES (May 1983)
(21 83 02 1) ISBN 92-64-12439-7   48 pages   £3.80   US$7.50   F38.00   DM14.00

ACCOUNTING PRACTICES IN OECD MEMBER COUNTRIES (October 1980)
(21 80 05 1) ISBN 92-64-12076-9   250 pages   £6.00   US$13.50   F54.00   DM27.00

"ACCOUNTING STANDARDS HARMONIZATION" Series:

No. 1   FOREIGN CURRENCY TRANSLATION. Report by the Working Group on Accounting Standards (February 1986) bilingual
(21 86 01 3) ISBN 92-64-02729-7   64 pages   £4.50   US$9.00   F45.00   DM20.00

No. 2   CONSOLIDATION POLICIES IN OECD COUNTRIES. Report by the Working Group on Accounting Standards (February 1987) bilingual
(21 87 01 3) ISBN 92-64-02876-5   124 pages   £6.50   US$13.00   F65.00   DM29.00

No. 3   THE RELATIONSHIP BETWEEN TAXATION AND FINANCIAL REPORTING. Income Tax Accounting. Report by the Working Group on Accounting Standards (June 1987) bilingual
(21 87 04 3) ISBN 92-64-02938-9   144 pages   £5.00   US$11.00   F50.00   DM22.00

"INTERNATIONAL INVESTMENT AND MULTINATIONAL ENTERPRISES"

THE OECD GUIDELINES FOR MULTINATIONAL ENTERPRISES (April 1986)
(21 86 03 1) ISBN 92-64-12812-3   92 pages   £6.00   US$12.00   F60.00   DM27.00

THE 1984 REVIEW OF THE 1976 DECLARATION AND DECISIONS (July 1984)
(21 84 02 1) ISBN 92-64-12585-X   66 pages   £3.20   US$6.50   F32.00   DM16.00

Prices charged at the OECD Bookshop.

*THE OECD CATALOGUE OF PUBLICATIONS and supplements will be sent free of charge
on request addressed either to OECD Publications Service,
2, rue André-Pascal, 75775 PARIS CEDEX 16, or to the OECD Distributor in your country.*

TABLE OF CONTENTS

I. INTRODUCTION AND SUMMARY

The main problems in evaluating compliance with OECD Guidelines for multinational enterprises (1) by insurance companies are the lack of a common definition of operating results, the lack of common rules for valuing assets and liabilities and the fact that national practices vary widely with regard to the disclosure of the elements comprising the operating results. This renders any comparison of operating results particularly difficult. This is the reason why the Working Group on Accounting Standards decided to conduct a detailed survey of present practices in arriving at and disclosing operating results of insurance companies.

In analysing the results of the survey, the following general observations should be borne in mind:

-- The practices followed by companies within the same country are not always homogeneous;

-- No attempt was made to give an exhaustive description of the situation in each Member country and the examples given are rather illustrations of main approaches;

-- International harmonization of accounting practices of insurance companies is still at an early stage. The IASC thus far has not undertaken any activities in this area. Work within the EEC has recently resulted in a proposal for a Council Directive on the annual accounts of insurance companies; this proposal is presently under consideration of the European Parliament and the EC Economic and Social Committee.

-- The term "life insurance" as used throughout the report does not include accident or health insurance which are considered as "non-life" in most Member countries. In some countries, like Canada, however, life insurance companies also undertake "health" (accident and sickness) insurance. Reference to life insurance in these countries should, therefore, be interpreted to include "health insurance". In Belgium, life insurance companies are allowed to undertake part of "health-accident" insurances as a complement of a life insurance contract.

The following broad conclusions can be drawn:

-- While the general clarifications of the Guidelines relating to operating results are applicable to insurance companies, the survey has shown a wide divergence of disclosure and accounting practices;

-- In order to provide greater comparability of financial statements between Member countries, vigorous efforts are needed to narrow the gap between national approaches. Where harmonization cannot be achieved, additional information should be provided in the financial statements on the accounting methods used and, where appropriate, the effect of these methods on the accounts. The present document, under each item examined below, provides suggestions to that effect.

II. TECHNICAL AND NON-TECHNICAL RESULTS

A. Present practice

1. Distinction between technical and non-technical results

In many countries there is a distinction between technical results (i.e. results deriving from pure insurance activities) and non-technical results (i.e. results deriving mainly from investments). Countries where such a distinction is generally made include: Denmark, Germany, Ireland, the Netherlands, New Zealand, Spain, Switzerland and the United Kingdom. The definition of technical results itself may vary from country to country.

In many countries where no distinction is made it is, in fact, possible to calculate separately the technical results and the non-technical results: Belgium, Finland, France, Italy, Norway, Portugal, Sweden.

The country examples demonstrate that there is a considerable degree of difference over what is included in the technical results.

Canada

Although technical and non-technical results are not distinguished, certain items are separately identified:

-- Non-life insurance

Earned premiums; claims incurred, claims adjustment expenses, claims settlement and administrative overhead expenses, provisions for claims incurred but not reported (frequently reported as a single item "claims"); commissions and premium taxes (sometimes disclosed separately, sometimes combined); and general administrative expenses;

-- Life insurance

Premium income; benefits (such as death claims and disability and health insurance benefits); premium and other taxes; commissions and other underwriting expenses (sometimes referred to as other expenses).

Netherlands

-- Non-life insurance

Premiums received, claims due, commission due to intermediaries, increases and decreases in technical provisions (the foregoing items net of reinsurance), operating costs and allocated investment income;

-- Life insurance

Premiums received (renewal as well as single premiums), claims due (at death and expiry), annuities, surrenders, commission due to intermediaries, increases and decreases in technical provisions (the foregoing items net of reinsurance), operating costs and allocated investment income.

For the time being, only some of the larger insurance undertakings sometimes provide an analysis of the composition of the technical life business results.

New Zealand

-- Non-life insurance

Technical results are arrived at on the basis of:

Gross premiums;

Less premiums ceded to reinsurers;

Adjustment for unearned premiums and unexpired risks;

Less claims net of reinsurance recoveries and salvage,

Less commissions (net of recoveries of commission from outwards reinsurance);

Less other underwriting expenses (Fire Board charges, underwriting administration expenses).

-- Life insurance

Life insurance companies in New Zealand prepare a revenue account in which all premiums, investment income, claims, operating expenses, taxes and dividends are reflected. The balance of this account is transferred to the life fund. The balance of the life fund is reviewed annually by the actuary to determine the actuarial liability to policyholders. The actuary's report on the financial position of the fund is generally published with the annual accounts.

An actuarial report is prepared which sets out the difference between the actuarial liabilities and the amount of the fund as per the financial statements.

EEC   The EEC proposal provides for a distinction between technical and non-technical results.

In non-life insurance business technical results are defined as:

-- Premiums;

-- Claims;

-- Bonuses;

-- Commissions and other technical charges.

In life insurance business, however, they are defined as:

-- Premiums;

-- Investment Income

-- Claims;

-- Bonuses;

-- Commissions and other technical charges.

In most of the countries examined, enterprises undertake either life or non-life business but not both within the same company (in Australia, Canada, Denmark, Finland, Germany, Ireland, Japan, the Netherlands, New Zealand, Norway, Spain, Sweden, Switzerland). In the United States, there are no requirements to distinguish between the technical results for life and non-life in the statement of operations, although many companies do make this distinction. In the United Kingdom, companies record and report separately the assets, liabilities and operating results of life and non-life business.

2.   Allocation of investment income to technical results

This allocation is carried out in the Netherlands, Denmark, Germany (life and health insurance), Ireland (life insurance only), Japan (non-life), Greece and Portugal, Sweden and Switzerland (motor car insurance, casualty for workers). In Canada, it is not common practice in the published financial statements but much more in the internal financial statements and the forms submitted to the Federal Department of Insurance. In the United Kingdom a number of companies attribute part of their investment income to the general business revenue account; investment income relating to the assets of the life fund is required by statute to be allocated to the life revenue account.

In the Netherlands, the investment income is usually allocated to the technical results on the basis of the aggregate rate of return on the average amount for the financial year of the equity and the technical provisions.

In Germany, for life and health insurance companies, the total investment income is included in the technical results.

In Japan, non-life insurance investment income on the savings-portion of long-term insurance with maturity refund as well as that accruing from the investable funds of compulsory automobile liability insurance and earthquake insurance are allocated to technical results.

In the United Kingdom, investment income is directly attributable to the life technical results since assets of the long-term fund are separately identifiable, as required by law.

The EEC proposal provides for the possibility to allocate part of the investment return to the non-life technical account or to the life non-technical account, as the case may be. In any case, the reason for the allocation and the basis on which it is made must be disclosed in the notes.

3. Deduction for allocated interest

Denmark has indicated in its report that a deduction for allocated interest is made at the bottom line of the profit and loss account and the Netherlands that interest added to the actuarial life insurance funds is included in the item "increases and decreases in technical provisions".

In Germany, property and accident insurance companies allocate interest on interest-bearing provisions to the technical results.

B. Comments

A distinction between technical and non-technical results is made in ten out of twenty-two countries. In seven out of the twelve countries where no such distinction is made, it appears to be possible, nevertheless, to calculate these different results on the basis of the information provided. In most of the countries examined, there was a distinction between life and non-life technical results either through legal requirements or general practice.

Two main features of the activities of insurance companies can be distinguished, namely the insurance activity as such and the management of an investment portfolio derived from the investment of premiums and other income representing the funds held to meet liabilities to policyholders. In many Member countries the results of these two activities are separately disclosed to enable the user of the financial statements to assess the company's performance for each activity. If the distinction is not clearly made in the financial statements, the provision of sufficient information in the accounts or the notes would make such an assessment possible.

The allocation of investment income to non-life technical results, which is only carried out in certain countries, can significantly affect the amount included in operating results as derived from pure insurance activities. Provided the amount and the basis of allocation are disclosed, comparability of results can be maintained.

III. INVESTMENT GAINS AND LOSSES

A. Present practice

1. Rules for valuation of investments (investment properties and financial investments)

Investment gains and losses are greatly dependent upon the way investments are valued. As shown in the table (Annex I), practices vary widely from one country to another. With regard to investment properties (e.g. land, buildings), certain countries require the valuation to be based on the acquisition cost, and others the market value, generally valued by an expert. With regard to financial assets (bonds and shares) which constitute another significant category of insurance companies, the value retained varies between purchase price, market value and nominal value. The practice of valuing investments at lower of cost or market value is followed in the majority of countries.

The EEC proposal provides that undertakings that apply acquisition costs, shall disclose the current value in the notes and undertakings that show the current value, shall disclose in the notes the value resulting from the application of the principle of purchase price.

2. Disclosure of realised capital gains and losses:

In all but one country (Luxembourg), realised capital gains and losses are disclosed. Such gains and losses are disclosed on a gross basis in certain Member countries (e.g Finland, Germany, Japan, New Zealand, Sweden) or, on a net basis, in others (e.g. Belgium, Canada, the Netherlands, Norway, Portugal, Sweden, and the United States). Disclosure is usually made in the income statement and, in a limited number of cases, in reserves. According to the EEC proposal, realised capital gains and losses would have to be disclosed on a gross basis. In some life insurance companies in Canada such amounts are amortized over an arbitrary period, with the amount that remains to be amortized being disclosed.

3. Disclosure of unrealised capital gains and losses:

In four Member countries (Luxembourg, Turkey, Switzerland and Denmark), unrealised gains and losses are not disclosed at all in the financial statements, although some companies in Switzerland publish overall movements in values in the annual report. In Belgium, the (durable) unrealised losses have to be shown while the unrealised gains may be itemized as a separate liability in the balance sheet. In both cases, the information is disclosed in the notes to the accounts. In France and Canada, unrealised gains and losses are not disclosed as such in the financial statements but can be extrapolated inasmuch as market values are disclosed. In Sweden, unrealised gains and losses are shown in a special table in the annual report, as part of changes in market values. In four Member countries (Finland, Italy, Japan, and Greece), unrealised losses only are disclosed. In other Member countries, both unrealised gains and losses are disclosed separately (i.e. gross) albeit

12

to a limited extent in certain cases. For example, in Australia unrealised gains and losses attributable to investment/unit-linked business are separately disclosed. Additionally, for other types of business, some part of unrealised gains may be disclosed as considered appropriate by the company. In Ireland, insurance companies tend to show unrealised gains and losses in respect of unit-linked business only but do not normally show unrealised gains and losses separately. The practice is to show a net figure for the unrealised gains and losses in respect of unit-linked business. In the case of non-linked business, all but one life insurance company in Ireland carry unrealised gains directly to the investment reserve so that they are not disclosed in the financial statement. In the Netherlands, unrealised gains and losses are normally shown on a net basis.

It is now generally the case that companies in the United Kingdom account for investments of general insurance business/shareholders' funds at open market value. Where this is the case unrealised gains or losses, net of attributable taxation, are generally taken directly to reserves. It is normal practice that such reserves are disclosed. In some cases the realised and unrealised gains arising in the trading period are disclosed separately, in others they are given as a single amount. There are also a minority of companies who take unrealised investment gains to undisclosed or inner reserves.

According to the EEC proposal and apart from unit-linked and other types of life insurance under which the value of the contract to the beneficiary reflects unrealised gains, unrealised capital gains would be carried directly to a so-called revaluation reserve which appears in the balance sheet; they do not transit through the profit-and-loss account and thus are not distributable.

Unrealised gains are distributable in Australia, Finland and New Zealand. In Ireland, unrealised gains are distributable in respect of both linked and non-linked business. In Canada and the United States, a portion of such gains may be distributable provided the requirements of the supervisory authorities are met.

B. Comments

Valuation rules adopted for investments in a portfolio can have a direct effect on the financial position and the results of insurance companies. Different valuation methods are used in various countries including acquisition cost and market value. Valuation of investments at market value, where permitted, is more widespread for insurance companies than for other types of companies.

It is relevant to bear in mind the recommendations in the International Accounting Standard (IAS 25), published in March 1986 which provides a basic framework for accounting for investment in the financial statements of enterprises. Although IAS 25 does not deal with investments of life insurance companies, it is expected to be reflected in due course in national accounting standards and practices applying to investments of companies carrying on general insurance business. In this respect, it is relevant to note that

IAS 25 provides for investments to be valued at either the lower of cost or market value and recommends supplementary disclosure of market values where investments are carried at cost.

Valuation of investments at market values, or values based on actuarial assumptions, clarifies the ability of insurance companies to cover their liabilities. Recognising, however, that valuation rules will continue to be governed by differing national approaches, it has been suggested that where historical cost is the basis of valuation, market values are also disclosed in the interest of comparability.

Following the prevailing practice in almost all Member countries, realised gains and losses are separately disclosed -- distinguishing between gains and losses rather than as a net amount. The treatment of unrealised gains and losses raises fundamental issues of profit recognition which go beyond the scope of the present document. It is recalled that this subject is included for consideration in the general work programme of the Working Group relating to the harmonization of accounting standards.

IV. TECHNICAL PROVISIONS

A. Present practice

Variations in technical provisions are of particular interest for the operating results of insurance companies. Such provisions are the amounts which insurance undertakings have to disclose in accordance with the principles of proper accounting and which must be adequate to meet fully commitments of the insurer to policyholders and beneficiaries of contracts (i.e. provisions for unearned premiums, unexpired risks, outstanding claims and claims equalisations reserve).

As shown by the table in Annex II, different technical provisions are used by insurance companies. The most frequently used are for non-life insurance:

-- Provision for unexpired risks;

-- Provision for unearned premiums;

-- Provision for claims outstanding and claims incurred but not reported.

The provision most frequently used for life insurance is the actuarial reserve.

B. Comments

The delays inherent in the notification and settlement of claims for insurance businesses often make it difficult to estimate the provisions required. In order to make some comparison possible, it is necessary to disclose information on the calculation of technical provisions as part of the item "accounting policies".

V. DEPRECIATION

A. Present practice

Many of the countries appear to have no specific depreciation rules concerning investment properties for insurance companies as well as no specific accounting treatment for properties owned and occupied by insurance companies. In Canada, however, the practice varies with regard to life insurance companies some of which carry such properties at cost less accumulated depreciation. Others apply a formula which gives recognition to realised and unrealised gains and losses on such properties over a specified accounting period (consideration is being given to making this procedure mandatory for life insurance companies).

In general, for insurance companies, the annual net realisable value is the basis of evaluation of investment properties. This means that real property is not subject to depreciation but adjustment of the cash value. In a certain number of countries, investment properties held by insurance companies, instead of being depreciated, are revalued regularly. In Portugal, for instance, investment properties for insurance companies are revalued on a regular basis in accordance with tables published annually by the Ministry of Finance or valued by official experts. In Finland, the value of properties owned and occupied by insurance companies are revised annually. In Sweden investment properties are valued according to the lower of cost or market while fixed assets are in general valued at acquisition cost less accumulated depreciations. In Norway, life insurance properties have to be revalued every ten years. In the United Kingdom, investment properties will be revalued on a regular basis and shown at valuation. Properties occupied by the insurance company itself will only be depreciated if they form a material part of the investment portfolio.

B. Comments

Most countries examined have no specific depreciation rules concerning investment properties as well as no specific accounting treatment for properties owned and occupied by insurance companies. In any event, specific rules for depreciation are not required where properties are carried in the balance sheet at market value. Any change in value would, therefore, be shown as a movement in the revaluation account and not as a depreciation charge in the profit-and-loss account.

VI. INCOME TAXATION

A. Present practice

1. Specific taxation rules for insurance companies

Methods of insurance taxation vary from country to country. Moreover, the tax charge will generally consist of two components -- current and

deferred taxes -- although these may or may not be shown separately in the financial statements. In some countries, deferred tax may not be provided or may be provided only to a certain extent.

2. Distinction between taxation on technical results and non-technical results

In all countries, there is no distinction between taxation on technical results and taxation on non-technical results.

3. Special rules for deferred taxes

The replies by countries did not indicate any specific accounting rules for deferred taxes applying to insurance companies.

B. Comments

In most countries, accounting for income taxes does not present specific problems for insurance companies. In certain countries, however, accounting for deferred taxes by life insurance companies is subject to debate.

VII. ACCOUNTING OVER MORE THAN ONE YEAR

A. Present practice

There are a number of special features in the nature of insurance business which contribute to making it more difficult, in certain cases, for insurance companies to measure profits or losses on an annual basis, as the delays inherent in the notification and settlement of claims may run into many years. In certain countries, for certain classes of insurance, such as transport, it is common practice to postpone profit recognition for one or more accounting periods (and to account for profit on a cash basis in the intervening years, except to the extent that losses are anticipated). Similar practices are applied in reinsurance.

On the basis of the replies received, pluri-annual accounts are only used in Ireland, the Netherlands, the United Kingdom and sometimes in New Zealand. In the Netherlands, pluri-annual accounts are used in credit insurance, transport (marine, aviation) insurance. They usually cover periods of 3 to 4 years. However, longer or shorter periods occur. In the United Kingdom, marine, aviation and treaty reinsurance acceptance classes of business are invariably accounted for on a funded basis. It is not unusual to deal with certain other classes of business in the same way where there are long delays in the development of the account. In practical terms this means premiums, less claims and expenses are accumulated in a separate fund for each year and held there for three or four years before the result is determined. No profit is taken until the year in which the account is closed but provision is made for any eventual loss on the account as soon as it is foreseen.

Proportional treaty reinsurance is normally dealt with on a two year funded basis.

In Norway and Sweden, with regard to marine insurance, it is common practice to postpone profit recognition for 3 years. As regards reinsurance, accounting is usually delayed one year. The EEC proposal distinguishes three different methods of "delayed accounting" and contains detailed provisions as to their application as for instance time limits according to the method used.

In most other countries where the practice of pluri-annual accounts does not exist (Belgium, Canada, Finland, France, Germany, Italy, Japan, Portugal, Spain, United States), methods used include the setting-up of provisions for outstanding claims based on available information and for claims incurred but not reported using various formulae and methods which draw heavily on past experience. Moreover, in Germany, in insurance classes where accounts are made on a year of acceptance basis (especially in marine insurance), the amounts of premiums due are not finalised until after several years and, if necessary, additional contributions are levied.

B. Comments

Pluri-annual accounts are only used in a few countries, in other countries methods used for calculation of the technical provisions take into consideration the delays in the notification and settlement of claims. Where, besides technical provisions, specific accounting methods such as pluri-annual accounts are implemented in order to take account of delays in the notification and settlement of claims, the disclosure of such methods in the financial statements would improve comparability.

VIII. FOREIGN CURRENCY TRANSLATION

A. Present practice

From the replies received, it would appear that there are no specific rules applying to the disclosure of exchange gains and losses in the financial statements of insurance companies. With the exception of Canada where life insurance companies have used a book rate to translate foreign currency transactions, current practice generally follows that for other types of companies. Practice varies considerably as regards the extent to which such gains and losses are disclosed. In some countries, exchange gains and losses are disclosed separately whereas in other countries they may be included under another heading and not distinguished. Disclosure of the method used is by no means common -- as is the case with companies generally.

B. Comments

Foreign currency translation does not raise any problems specific to insurance companies. Reference is made to the considerations set out in the Working Group's report on foreign currency translation (4).

IX. BONUSES AND REBATES TO POLICYHOLDERS

A. Present practice

Bonuses and rebates to policyholders are a characteristic of insurance companies. Bonuses comprise all amounts which are paid or payable to policyholders and other insured parties or provided for their benefit, including amounts to increase technical provisions or applied to the reduction of premiums to the extent that such amounts represent an allocation of surplus or profit arising on business as a whole or a section of business after deduction of amounts provided in previous years which are no longer required. Rebates comprise such amounts to the extent that they represent a partial refund of premiums resulting from the experience of individual contracts (e.g. absence of claims).

In all countries examined, bonuses are granted to policyholders according to legal provisions, contract agreements, statutes or operating plans. Bonuses are most frequently distributed in life insurance, casualty and property insurance, and they are granted as premium discounts (Australia, Belgium, Japan, Germany, Greece, Norway, the Netherlands, Portugal, Spain, Sweden, Switzerland, the United Kingdom), or as an increase in the amount insured (Belgium, Germany, Norway, the Netherlands, Sweden, Switzerland,), or as a distribution of dividends (Canada, Denmark, Japan, Germany, New Zealand, Spain, Switzerland). In Finland, bonuses are granted either as premium discounts or as an increase in the amount insured. In the United States, dividends can be paid in cash, applied to shorten the endowment or premium paying period, or be left on deposit. In Canada bonuses may also be used to increase insurance or to reduce the policyholder's premium. Pursuant to the EEC Proposal, bonuses include even amounts used to increase technical provisions or applied to the reduction of future premiums.

In France, life policyholders participate in the technical and financial profits and this results in an increase of the sums assured. With the exception of mutual companies, such bonuses are included in operating results. In non-life insurance, bonuses are given to policyholders in the form of a reduction of premium.

In Belgium, Canada, Denmark, Germany, Japan and the Netherlands, bonuses are disclosed separately in the income statement. They may also be separately disclosed in the balance sheet as an increase in the mathematical reserve (Denmark, Germany). There is no disclosure in Australia and New Zealand.

Bonuses in life insurance given in the form of increases of the amounts insured on policies are disclosed as an increase on the policyholders' fund: New Zealand, or in the mathematical reserves: Australia, Belgium, Denmark, Germany, Portugal and the United States. In the Netherlands, bonuses to policyholders granted by way of an increase of the amount insured are included in the profit appropriation account only if they are dependent on the operating results of the company. If not, they are usually charged to the operating results in the income statement. In Canada, they are treated as dividends and they enter into the computation of actuarial reserves.

Unlike bonuses, rebates in non-life insurance as defined above are usually part of an annual procedure of policy renewal and the terms of the discount can be altered, or the discount abandoned by the insurer under certain circumstances.

B. Comments

In all countries the allocation of profit by way of bonuses to policyholders is a significant feature of insurance business, particularly in life insurance where policies can be selected which participate in the profit or surplus of the life insurance fund. Such bonuses are available throughout the life of the policy and are contractual commitments of the insurer. Separate disclosure of the amounts is considered important as an indicator of the performance and corporate policies of insurance companies.

X. SEGMENTATION OF OPERATING RESULTS BY CATEGORIES OF BUSINESS AND GEOGRAPHICAL AREA

A. Present practice

Practices of insurance companies for segmentation of operating results vary greatly from one country to another. Detailed information is usually disclosed on the different categories of business and on direct insurance/reinsurance. With regard to geographical areas, a distinction is sometimes made between domestic and foreign operating results.

1. Segmentation by categories of business

Distinction life/non-life

According to the First EC Council Directive of 5th March 1979, the insurance companies newly established and operating in the EC Member States are not allowed to practise life insurance business together with non-life insurance within one corporate entity, except in the United Kingdom and Luxembourg. This prohibition also applies to Finland, Iceland, Japan, Norway, and Sweden. In other countries, segmented reporting is usually made between life and non-life: Australia, New Zealand, Switzerland, United States. In Canada, life insurance companies usually make a distinction between "life" business and "accident and sickness" business.

Distinction between insurance – reinsurance

Segmented information of this type is disclosed in a certain number of countries. In Germany, for instance, in life and health insurance a distinction is made if the gross premiums arising from business accepted in reinsurance exceed 3 per cent of the gross premiums derived from the direct business. In property and accident insurance, separate accounts have to be disclosed for certain categories of direct business and business accepted in

reinsurance above a certain level. In Belgium, segmentation is required by group of activities for the technical and financial results between direct insurance in Belgium and business accepted in reinsurance. In certain countries (Australia and Finland), information is only given with regard to premiums.

Distinction between different insurance classes

A distinction is made in Australia and in Germany (where non-life insurance companies as well as reinsurance companies disclose technical accounts by class of business). In Belgium, technical and financial results are disclosed by groups of activity and each group of activity may concern different insurance classes. In Spain and France, compliance with specific models in the annex is required for the determination of the segmentation of operating results by different branches of activity. In Canada, some insurers do follow the practice of differentiation between insurance classes. In the United Kingdom segmental information by class of business is a stock exchange requirement for quoted companies and is either contained as part of the financial statements or elsewhere in the annual report.

2. Segmentation by geographical area

In the United States, operating results are shown by geographical area. In other countries where a differentiation appears, domestic operations are separated from operations abroad: Spain, Canada (where significant), Australia. In the Netherlands, there is a tendency among insurance undertakings operating worldwide to disclose segmented information by geographical area. In Switzerland, a differentiation appears only for premiums. In the United Kingdom the results of domestic operations and the more important regional operations overseas are often shown disaggregated with some description of how the company has performed in each region.

B. Comments

It is apparent that the degree of information disclosed varies considerably in Member countries. With regard to segmentation by categories of business most countries distinguish between the results of life and non-life business, and between direct insurance business and reinsurance. It is less common for the results of reinsurance business accepted to be disclosed. Disclosure of the results of individual classes or groups of classes of business is found in a number of Member countries although in certain countries such information is only provided to the supervisory authorities. Segmentation of results by geographical area usually appears in the financial statements of insurance companies in some form -- at least between domestic and foreign business.

The general clarification on segmentation provided in the 1983 publication is broadly applicable to insurance companies and disclosure should be made of the basis adopted and the criteria used for determining the "major lines of business", the criteria used for determining geographical areas for reporting purposes and the method followed for allocating business to these areas.

XI. REINSURANCE

A. Present practice

Information relating to corporate policies with respect to limits of coverage, reinsurance, net retentions and similar information is generally provided in the United States and Australia and by a number of non-life companies in Canada. In most other countries, such information is either not disclosed at all or in a limited form in certain cases. The EEC proposal distinguishes between the technical results of life and non-life business, but not between direct insurance business and reinsurance.

The use of reinsurance agreements for purposes other than the transfer of risk is found in Australia, Canada and the United States. In Australia, such agreements are also accounted for as financing transactions when they relate to non-life insurance. The policy with regard to such agreements for Canadian life insurers has not yet been formulated. In the Unites States, the matter is under consideration by the FASB as part of a project concerned with reinsurance and several other insurance accounting matters.

B. Comments

In the interest of comparability it would be useful to provide any material information on accounting for reinsurance transactions as part of the disclosure of "accounting policies".

NOTES AND REFERENCES

1. International Investment and Multinational Enterprises: The OECD Guidelines for Multinational Enterprises, OECD, 1986 [(2186032) ISBN 92-64-22812-3].

2. The analysis in the present report takes into account the situation in August 1986 of the following countries: Australia, Belgium, Canada, Denmark, Finland, France, Germany, Greece, Ireland, Italy, Japan, Luxembourg, the Netherlands, New Zealand, Norway, Portugal, Spain, Sweden, Switzerland, Turkey, the United Kingdom and the United States.

3. Proposal for an EEC Council Directive on the annual accounts and consolidated accounts of insurance undertakings [COM(86)764final]. O.J.C.E. N° C 131/1 of 18th May, 1987.

4. Accounting Standards Harmonization: N° 1 -- Foreign Currency Translation -- [(2186013) ISBN 92-64-02729-7].

NOTES ET REFERENCES

1. Investissement International et Entreprises Multinationales : Les Principes directeurs de l'OCDE à l'intention des entreprises multinationales, OCDE, 1986 [(2186032) ISBN 92-64-22812-8].

2. L'analyse qui suit reflète la situation des pays suivants en août 1986 : Allemagne, Australie, Belgique, Canada, Danemark, Espagne, Etats-Unis, Finlande, France, Grèce, Irlande, Italie, Japon, Luxembourg, Norvège, Nouvelle-Zélande, Pays-Bas, Portugal, Royaume-Uni, Suède, Suisse et Turquie.

3. Proposition de directive du Conseil de la CEE concernant les comptes annuels et les comptes consolidés des entreprises d'assurance [COM(86)764(Final)]. J.O.C.E. N° C 131/1 du 18 mai 1987.

4. Harmonisation des normes comptables : N° 1 -- La conversion des comptes -- [(2186013) ISBN 92-64-02729-7].

Countries	Valuation of investment properties	Financial investments
Italy	Cost (less depreciation for properties used by the company) with possibility of revaluation for specific reasons	<u>Shares and bonds</u>: value determined by the management following the prudence principle <u>Participation other than shares</u>: value determined on the basis of the amount disclosed in the balance sheet of the investee enterprise
Japan	Cost less depreciation	<u>Quoted</u>: Lower of cost or market value; <u>Non-quoted</u>: Generally at cost
Luxembourg	As for other companies	Lowest quoted market value
Netherlands	Estimated value (discounted future income)	<u>Shares</u>: Market value <u>Bonds</u>: Lower of cost or market value <u>Loans</u>: Face value or amortized value
New Zealand	As for other companies	As for other companies
Norway	Value for tax purposes or expert valuation	Not greater than market value at year-end
Portugal	Land cost, buildings -- market value	Market value
Spain	Expert valuation	Lower of cost or market value
Sweden	Generally lower of cost or market value	Generally lower of cost or market value
Switzerland	As for other companies	Generally lower of cost or market value
Turkey	Cost	Market value
United Kingdom	Market value (independent professional valuation)	Market value in most cases
United States	Cost less depreciation	<u>Shares</u>: at market value <u>Bonds</u>: at market value but, if intended to hold to maturity, at amortized cost <u>Loans</u>: outstanding principal balance less allowance for uncollectibles

Table 2

TECHNICAL PROVISIONS

	Belgium	Canada	Denmark	Finland	France
1. Provision for unexpired risks	Yes, based on experience	Pro rata temporis			
2. Provision for unearned premiums (usually net of direct acquisition costs)	Yes, pro rata temporis	Yes: amounts required to liquidate losses at balance sheet date	Yes	Pro rata temporis or fixed percentage	Min. 36% of gross premiums
3. Provision for claims outstanding and claims incurred but not reported	Yes, (based on experience for claims incurred but not reported)	— Statistical methods — Experience	— Individual valuation — Statistical methods	Statistical method and individual evaluation	Yes — including overheads in claims investigation (5% of loss provisions)
4. Life assurance — actuarial reserve	Yes	Actuarial techniques	Mathematical method or Zillmer method	Zillmer method	
5. Disaster/large risks				Individually	Yes
6. Equalisation/ fluctuation			Mathematical method	Mathematical method	
7. Lapse reserve					
8. Provision for bonuses to policyholders	Yes			Yes	
9. Other reserves	Yes, based on experience				

25

TECHNICAL PROVISIONS (Cont'd)

	Germany	Ireland	Italy	Japan	Luxembourg
1. Provision for unexpired risks	Yes, based on experience				Yes
2. Provision for unearned premiums (usually net of direct acquisition costs)	Usually daily pro rata	24ths or 365ths basis with allowance for deferred acquisition costs	Daily pro rata or fixed %	Yes, (usually) monthly pro-rata method and generally, before the deduction of direct acquisition costs	Yes
3. Provision for claims outstanding and claims incurred but not reported	Yes, based on experience	Case by case and statistical/formula tested actuarially	Except for compulsory car insurance (civil responsibility)	Yes, for voluntary automobile insurance, personal accident accident insurance, long-term accident insurance with endowment, general liability insurance and workers' accident compensation	Yes
4. Life assurance — actuarial reserve	Mathematical method	Actuarial valuation		Yes, net method or Zillmer method	Yes
5. Disaster/large risks	Yes			Yes	
6. Equalisation/fluctuation	Mathematical method				
7. Lapse reserve					
8. Provision for bonuses to policyholders	Yes			Yes	
9. Other reserves	— Provision for cancellation of premiums — Provision for unearned premiums deriving from temporarily suspended motor licences			Reserve for profit on reappraisals/sales	

	Netherlands	New Zealand	Norway	Portugal	Spain
1. Provision for unexpired risks	Fully deferral			Individually pro rata temporis or % of premium income	Statistical methods
2. Provision for unearned premiums partial deferral (usually net of direct acquisition costs)	Pro rata temporis or partial deferral	24ths or set % of premiums written	Yes, experience		
3. Provision for claims outstanding and claims incurred but not reported	— Individual valuations — Statistical methods — Experience (not including overheads)	Statistical experience		Yes, statistical methods	Mainly individual
4. Life assurance — actuarial reserve	Net method or Zillmer method			Mathematical method	Statistical methods
5. Disaster/large risks	Occasionally				Yes
6. Equalisation/fluctuation			Yes		
7. Lapse reserve		Yes			
8. Provision for bonuses to policyholders					
9. Other reserves	Cancellation of premiums				

27

TECHNICAL PROVISIONS (Cont'd)

	Sweden	Switzerland	Turkey	United Kingdom	United States
1. Provision for unexpired risks	Yes	Yes		Yes	Yes
2. Provision for unearned premiums (usually net of direct acquisition costs)	Yes	Yes, methods not prescribed	Yes	24ths or daily pro rata	Statistical methods
3. Provision for claims outstanding and incurred but not reported	Yes	Yes	Yes	Yes, both reported and unreported	Yes
4. Life assurance — actuarial reserve	Actuarial valuation	Yes	Net premium basis	Actuarial valuation	Actuarial valuation
5. Disaster/large risks		Yes		Occasionally	No
6. Equalisation/ fluctuation	Yes				No
7. Lapse reserve					Life only
8. Provision for bonuses to policyholders	Yes			Yes	Yes
9. Other reserves					No

QUESTIONNAIRE ON OPERATING RESULTS OF INSURANCE COMPANIES

A. DISTINCTION BETWEEN TECHNICAL AND NON-TECHNICAL RESULTS

In certain countries, a distinction is very clearly made between the technical results (i.e. results deriving from pure insurance activities) and non-technical results (i.e. results deriving mainly from investments). Furthermore, when such a distinction is clearly made, part of the income from investments may be allocated to technical results.

QUESTIONS

1) Is there, in your country, a clear distinction between technical and non-technical results?

2) Where appropriate, is a distinction made between the technical result for life and non-life business?

3) If the answer is yes, what is included in the technical result for:

   a) Non life insurance?

   b) Life insurance?

   c) Is an analysis provided of the composition of the technical life business results, such as the differences between interest, expenditure and actuarial data (mortality, disability) on the one hand and the corresponding amounts included in the income statement on the other?

4) If a clear distinction between technical and non-technical results is not made in the financial statements, is it however possible to calculate separately the technical results and the non-technical results from the information given in the financial statements?

5) Is it common practice in your country to allocate investment income to technical results?

   a) If so, on which basis are such allocations made?

   b) If, in life insurance investment, income is treated as part of technical results is there a deduction made for allocated interests?

B. INVESTMENT GAINS AND LOSSES

Investment gains and losses may be considered as much a part of an insurance company's ordinary activities as its investment income, because both are components of the overall investment yield.

Investment gains and losses are greatly dependent upon the way investments are valued. As already seen, practices vary widely from one country to another and from one category of investment to another.

With regard to investment properties (buildings, land, etc.) certain countries require the valuation to be based on the acquisition cost, and others the market value, generally valued by an expert.

With regard to financial assets (bonds and shares) which constitute another significant category of the investments of insurance companies, the value retained might be the purchase price, the market value, nominal value, etc.

Moreover, in many countries, capital gains and losses are disclosed by insurance companies only when realised. With regard to the disclosure of unrealised gains and losses, practices vary widely.

QUESTIONS:

1) Valuation of investments

   a) Are there any specific rules and practices relating to the valuation of investment properties (buildings, land, etc.) by insurance companies? Please describe.

   b) How are financial investments (e.g. shares, bonds, etc.) valued by insurance companies in your country?

   c) Is there any difference made between insurance companies and companies other than insurance, life and non-life insurance.

2) Disclosure of realised capital gains and losses

   a) Are realised capital gains and losses disclosed in your country?

   b) Are these gains and losses shown on a gross or a net basis and, if so, in which part of the financial statements? What accounting methods are used?

3) Disclosure of unrealised capital gains and losses

   a) Are unrealised capital gains and losses disclosed in your country?

   b) Are the gains and losses shown on a gross or a net basis and, if so, in which part of the financial statement? What accounting methods are used?

c) Can unrealised gains be distributed?

C. TECHNICAL PROVISIONS

Variations in technical provisions are of particular interest for the operating results of insurance companies. Such provisions are understood to be the amounts which insurance undertakings have to disclose in accordance with the principles of proper accounting and which must be adequate to meet fully commitments of the insurer to policy holders and beneficiaries of contracts (i.e. provisions for unearned premiums, unexpired risks, outstanding claims and claims equalisation reserve).

QUESTIONS:

1) What technical provisions are used by insurance companies in your country?

2) How are such provisions disclosed? What methods are used for their measurement and valuation:

a) For their depreciation?
b) For their evaluation?

D. DEPRECIATION

For the purposes of depreciation there may be a distinction between investment properties and those owned and occupied by an insurance company. In certain countries these investment properties, instead of being depreciated, are revalued on a regular basis. With regard to properties owned and occupied by an insurance enterprise a different accounting treatment may be generally accepted.

QUESTIONS:

1) Are there specific depreciation rules and/or practices concerning investment properties by insurance companies?

2) Is there any specific accounting treatment for value adjustments in your country for properties owned and occupied by insurance companies?

E. INCOME TAXATION

Methods of insurance taxation vary from contry to country. For instance, the technical result may be taxed separately from the non-technical result. Moreover the tax charge will generally consist of two components - current and deferred taxes - although these may or may not be shown separately in the financial statements. In some countries deferred tax may not be provided or may be provided only to a certain extent.

QUESTIONS

1) Are there any specific rules for the taxation of insurance companies which have an incidence on the financial statements of insurance companies? Please describe.

2) Where there is a clear distinction between technical and non-technical results, is the appropriate element of taxation included in the technical result or is the taxation of technical and non-technical results combined in the profit and loss account?

3) Are there any specific rules or practices with respect to the accounting for deferred taxes by insurance companies? Please describe.

F. ACCOUNTING OVER MORE THAN ONE YEAR

As indicated in the report there are a number of special features inherent in the nature of insurance business which contribute to making it more difficult in certain cases for insurance companies to measure profits or losses on an annual basis, as the delays inherent in the notification and settlement of claims may run into many years. In certain countries for certain classes of insurance such as transport, it is common practice to postpone profit recognition for one or more accounting periods (and to account for profit on a cash basis in the intervening years except to the extent that losses are anticipated). Similar practices are applied in reinsurance.

QUESTIONS

1) Are pluri-annual accounts used by insurance companies in your country? If so, please provide details as to classes, methods and accounting periods.

2) Where pluri-annual accounts are used, what amounts, if any, are included in the annual financial statements for the intervening periods? Are anticipated losses recognised immediately?

3) If pluri-annual accounts are not used what methods are used for the preparation of annual financial statements to obtain necessary information including delays in the notification and settlement of claims?

G. FOREIGN CURRENCY TRANSLATION

Exchange gains and losses may represent a significant element in an insurance company's accounts. It would be interesting to obtain information on any specific aspects and rules concerning the accounting practices of insurance companies in this area.

QUESTIONS

1) Are foreign exchange gains and losses clearly disclosed in the financial statements of insurance companies? Are there any differences in the accounting practices of life and non-life insurance companies?

2) How are they disclosed:

a) In the technical result?

b) In the profit and loss account as an operating item?

c) Under extraordinary items?

d) As part of the shareholders' equity?

3) Is the method used by insurance companies for translating foreign currency items disclosed?

H. BONUSES TO POLICYHOLDERS

Bonuses to policyholders are a characteristic of insurance companies in certain countries. They comprise:

-- Partial refunds of premiums if the insurance contract was free of any losses during one or more years;

-- Surplus or profit allocation according to law, statutes or operating plans of the company or at the discretion of the management.

QUESTIONS

1) Are bonuses given to policyholders in your country? In which classes and in which form?

2) In which way are they disclosed both in the balance sheet and in the profit and loss account in your country?

3) If bonuses are included in the profit and loss account are they shown:

a) Separately after the operating result of the year?

b) Included in the operating result for the year?

4) In particular, what is the accounting treatment of bonuses in life insurance given in the form of increases of the amounts insured on policies?

I. SEGMENTATION OF OPERATING RESULTS BY BROAD CATEGORIES OF BUSINESS AND GEOGRAPHICAL AREA

Practices of insurance companies for segmentation of operating results vary greatly from one country to another. Detailed information is usually disclosed on the different categories of business and on direct insurance/reinsurance. With regard to geographical areas, a distinction is sometimes made between domestic and foreign operating results.

QUESTIONS

1) Are operating results of insurance companies shown only in aggregate or is there a distinction made between:

a) Life and non-life?

b) Direct-insurance and reinsurance?

c) Different insurance classes or groups of insurance classes?

d) Other distinctions?

2) Are operating results shown by geographical areas?

J. REINSURANCE

It is generally considered desirable to disclose, in summarised form, corporate policies with respect to limits of coverage, reinsurance, net retentions and similar information.

QUESTIONS

1) Do reinsurance companies generally provide the type of information described above?

2) Are reinsurance agreements which do not have as their primary purpose the transfer of risk accounted for as financing transactions?